GÉR

LA POLLUTION ATMOSPHÉRIQUE

Un exposé pour comprendre
Un essai pour réfléchir

DOMINOS
Flammarion

Gérard Mouvier. Professeur émérite à l'université Denis-Diderot (Paris VII), l'auteur a enseigné jusqu'en 1993 la chimie de l'atmosphère et la physico-chimie instrumentale. Il a créé dès 1970 des enseignements sur la chimie de la pollution atmosphérique, en maîtrise et en troisième cycle. Il a dirigé l'unité de recherche associée au CNRS « Physico-chimie et Géochimie de l'atmosphère », dont les recherches portent sur l'étude du rôle des éléments, organiques et minéraux, gazeux et particulaires, dans la chimie de la troposphère et sur la physico-chimie des atmosphères planétaires. Il est l'auteur de nombreuses publications scientifiques.

ISBN : 2-08-035199-0
Imprimé en France

LA POLLUTION ATMOSPHÉRIQUE

DOMINOS

Collection dirigée par Michel Serres
et Nayla Farouki

Sommaire

La première fois qu'apparaît un mot relevant d'un vocabulaire spécialisé, explicité dans le glossaire, il est suivi d'un *

Au cœur de la Patagonie...
L'air est-il pur
et peut-il le rester ?
Ph. © John W. Warden / Cosmos.

L'équilibre atmosphérique

L'air pur : une utopie ?

L'air pur, qui serait composé uniquement d'oxygène et d'azote, n'existe pas dans la nature. Il est toujours contaminé par d'autres gaz, sans parler de la présence possible de particules* liquides, tels les nuages et les brouillards, ou solides, telles les poussières.

En dehors de l'oxygène et de l'azote, l'air contient plusieurs composés gazeux, dont certains, comme la vapeur d'eau et le gaz carbonique, sont indispensables à la vie, alors que d'autres sont considérés comme des « polluants » plus ou moins nocifs.

Un polluant peut avoir diverses origines, que l'on appelle ses « sources ». Celles-ci peuvent être des émissions directes dans l'atmosphère (par les cheminées d'usines, par des pots d'échappement d'automobiles, etc.), ou résulter de la transformation chimique de constituants de l'air. Grâce à certains processus que l'on appelle « puits », ces polluants peuvent disparaître plus ou moins rapidement : par exemple, ils sont captés par les végétaux, la terre ou les océans, ou transformés chimiquement en un autre composé.

Parmi les différentes sources d'un polluant, on distingue les sources naturelles (émissions par la végétation, les océans, les volcans...) et les sources anthropiques*, qui résultent de l'activité humaine. La limite entre les deux est parfois difficile à déterminer : ainsi, les incendies de forêt qui produisent des quantités considérables de polluants gazeux et particulaires sont d'origine naturelle ou anthropique selon leur nature, qui n'est pas toujours facile à déterminer.

Il faut s'arrêter ici sur le mot « pollution » qui est souvent utilisé à tort et à travers. On ne doit considérer comme « polluantes » que les substances présentes en concentrations* suffisantes pour produire un effet mesurable sur l'homme, les animaux, les végétaux ou les matériaux. Par conséquent, on dit qu'il y a pollution de l'atmosphère dans le cas où une variation de la composition de l'air* modifie suffisamment ses propriétés physiques ou chimiques pour être détectable par les occupants du milieu.

A partir de quel niveau de concentration peut-on parler de pollution ? La réponse est très variable selon le composé considéré. Ainsi le gaz carbonique (CO_2), gaz absorbé par les plantes (phénomène de l'assimilation chlorophyllienne) et également produit par celles-ci, ainsi que par les animaux et les hommes, est nécessaire à la vie de tous les êtres vivants. Il a des sources naturelles (plantes, volcans...) et anthropiques (combustion de combustibles fossiles et de bois). Sa concentration actuelle dans l'atmosphère est d'environ 350 ppmv (parties par million en volume), alors qu'elle n'était que de 280 ppmv avant l'ère industrielle, c'est-à-dire jusqu'en 1850. Elle continue à augmenter de 0,5 % par an. Cet accroissement, continu et important, est préoccupant dans la mesure où il participe activement à l'augmentation de l'effet de serre (voir seconde partie de l'ouvrage). Ce gaz, absolument nécessaire à la vie, mais dont la surabondance est inquiétante pour l'avenir, est désormais considéré comme un polluant.

Sources des polluants atmosphériques

Les sources des polluants atmosphériques sont potentiellement nombreuses. Les sources naturelles sont disséminées sur l'ensemble de la planète et ont toujours existé, même si leur intensité a varié considérablement au cours des siècles. Selon les polluants considérés, elles sont plus ou moins importantes que les sources anthropiques.

Pour chaque polluant, on a tenté de déterminer quantitativement la contribution de ses différentes sources. Ces estimations ne sont pas toujours faciles à réaliser et sont parfois très imprécises. En effet, comment mesurer les émissions de toutes les zones marécageuses de la planète, alors que les phénomènes de fermentation s'y produisant et générant des gaz diffèrent selon la nature et la quantité de produits fermentescibles, selon la température, etc., c'est-à-dire selon des paramètres qui varient dans le temps comme dans l'espace ?

Une des classes importantes de polluants est constituée par les hydrocarbures*, composés chimiques formés uniquement d'atome de carbone et d'hydrogène. Le plus simple d'entre eux est le méthane (CH_4) dont les sources naturelles (essentiellement les fermentations dans les eaux stagnantes et les forêts tropicales) sont deux fois moins intenses que les sources anthropiques (gaz naturel, brûlage de la biomasse, rizières, animaux domestiques, décharges) : 185 Mt an^{-1} (millions de tonnes par an) contre 340. En raison des difficultés que pose une telle estimation, le premier nombre varie de 130 à 250 Mt an^{-1} et le second de 210 à 540 Mt an^{-1} dans les résultats des travaux des chercheurs les plus sérieux (*cf.* Bibliographie).

Toutefois, les sources naturelles des autres hydrocarbures gazeux sont neuf fois plus importantes que les sources anthropiques : 930 Mt an^{-1} par rapport à 100 Mt an^{-1}. Les hydrocarbures les plus abondants sont d'origine biogénique, c'est-à-dire produits par les plantes. Ainsi le pinène ($C_{10}H_{16}$), responsable de la bonne odeur des forêts de pins, est émis par les résineux, alors que l'isoprène (C_5H_8) est plutôt produit par les arbres à feuilles caduques et dans les zones cultivées.

Une deuxième catégorie de polluants est celle composée par les deux oxydes d'azote*, le monoxyde d'azote (NO) et la dioxyde d'azote (NO_2), dont les sources naturelles sont trois fois moins intenses que les sources anthropiques : 11 Mt an^{-1} par rapport à 35 Mt an^{-1}. Dans toute combustion, naturelle ou anthropique, l'air constitué essentiellement d'azote et d'oxygène est porté à haute température : azote et oxygène réagissent alors pour former du monoxyde d'azote (NO). Plus la combustion est bien réglée, plus la température est élevée et plus il se forme d'oxydes d'azote. Il en est de même lorsqu'un moteur de voiture tourne à un régime plus élevé.

D'autre part, la décomposition partielle des nitrates* des sols, ou les éclairs des orages qui provoquent dans l'air une décharge électrique, contribuent également à la formation des oxydes d'azote. La conversion de monoxyde d'azote (NO) en dioxyde (NO_2) est très rapide. C'est pourquoi on évalue le contenu de l'atmosphère en oxydes d'azote (NO_x) : $NO_x = NO + NO_2$.

Les hydrocarbures et les oxydes d'azote jouent un rôle d'une grande importance. En effet, par une suite de réactions assez rapides, ils sont les précurseurs de l'ozone* troposphérique, élément fondamental dans la chimie de l'atmosphère. L'ozone n'a pas de source primaire directe. Il est toujours produit dans l'atmosphère à la suite de réactions chimiques nécessitant l'action de la lumière solaire.

Le monoxyde de carbone (CO) est un autre polluant qui intervient également dans la chimie de l'atmosphère, à des concentrations heureusement très inférieures à celles qui peuvent exister dans des locaux mal ventilés (dont le poêle tire mal ou le chauffe-eau à gaz est mal réglé) : il agit alors comme un gaz toxique dont l'inhalation peut entraîner la mort. Dans l'atmosphère, ses effets sont, bien entendu, plus atténués : il neutralise une partie de l'hémoglobine du sang en formant un composé stable, la carboxyhémoglobine, qui ne peut plus transporter l'oxygène nécessaire à la vie. Essentiellement produit par l'oxydation des hydrocarbures présents et par les combustions industrielles, domestiques, agricoles et forestières, on estime ses sources naturelles à 1 010 Mt an^{-1} et ses sources anthropiques à 1 650 Mt an^{-1}.

Les composés soufrés*, dernière grande classe de polluants atmosphériques, sont émis à peu près en égale quantité par les sources naturelles et les sources anthropiques. Les principales sources naturelles sont les volcans (pourvoyeurs ponctuels et intenses de dioxyde de soufre), les océans et les zones marécageuses, très étendues sur l'ensemble du globe, où l'action des bactéries, combinée à la très faible teneur en oxygène (situation d'anaérobie), favorise les décompositions de la matière organique vivante (algues, plancton) et morte (matière en suspension ou dissoute). Il se dégage alors dans l'atmosphère de l'hydrogène sulfuré* (H_2S) ainsi que des composés organo-soufrés, qui sont des composés organiques formés de carbone, d'hydrogène et de soufre, comme le sulfure de diméthyle* (CH_3-S-CH_3). Ce dernier composé représente la majeure partie des émissions de soufre qui ont lieu dans toutes les régions océaniques. D'autre part, les émissions anthropiques, dues à la combustion des charbons et des fiouls contenant du soufre, injectent dans l'atmosphère du dioxyde de soufre* (SO_2).

Ainsi, les situations diffèrent d'un polluant à l'autre. D'autant plus que les concentrations observées dans l'atmosphère ne dépendent pas seulement des sources locales, mais aussi des phénomènes de transport et des réactions chimiques qui produisent ou détruisent le composé considéré.

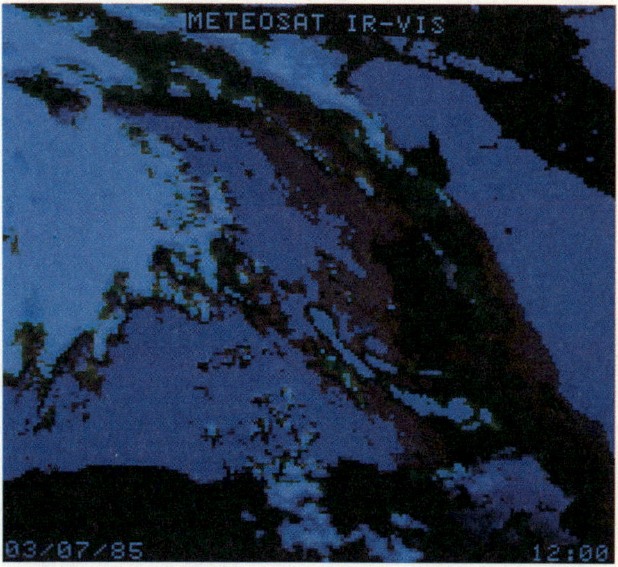

Transport de poussières sahariennes.
Poussières sahariennes transportées au-dessus de la Méditerranée occidentale. Cette photo prise à partir du satellite Meteosat, le 3 juillet 1985, à 12 h 00 T.U., fait apparaître une sorte d'écharpe rouge et rose correspondant à un panache s'étalant de la Côte d'Azur française jusqu'au golfe de Gabès. Les concentrations de poussières minérales mesurées en Corse, au niveau du sol, durant cet épisode, ont atteint à peu près 30 mg/m^3, soit environ vingt fois la concentration moyenne annuelle. Ces poussières, le plus souvent rabattues au sol par les pluies, fournissent des nutriments aux eaux de surface méditerranéennes et représentent environ 20 % de la sédimentation.
Ph. © ESA-LMD-LISA.

L'air en mouvement

L'atmosphère est un milieu éminemment mobile et déformable. Ses mouvements portent loin de leur lieu d'émission les composés gazeux et particulaires qu'elle contient.

Les grands mouvements d'air horizontaux nous sont familiers grâce à la présentation des cartes synoptiques sur lesquelles la météorologie s'appuie pour formuler les prévisions du temps. Mais il nous faut aussi considérer les mouvements verticaux, mouvements déterminés par le profil vertical de la température. Cette dernière varie avec l'altitude. Elle diminue en moyenne de 6,5 °C par kilomètre en partant du sol : on dit que le gradient vertical de la température est négatif. A seize kilomètres d'altitude, elle passe par un minimum, puis elle augmente. On distingue ainsi plusieurs domaines d'altitude.

D'une part la troposphère*, caractérisée par un gradient vertical négatif et la présence d'eau en quantités importantes, sous ses trois formes (gazeuse, liquide et solide). On y observe des mouvements verticaux intenses : l'air plus chaud et plus léger monte alors que l'air supérieur, plus froid, descend. Le mélange des polluants en est facilité. La troposphère s'étend jusqu'à environ seize kilomètres d'altitude à l'équateur, douze kilomètres dans les régions tempérées, et huit kilomètres aux pôles.

Dans la troposphère, on constate souvent une singularité qui s'étend sur une zone verticale de quelques centaines de mètres : une inversion de température, celle-ci croissant avec l'altitude. Ce phénomène peut être dû soit au refroidissement des couches inférieures par suite du rayonnement intense du sol pendant la nuit et par temps clair, soit à l'arrivée de masses d'air anormalement chaudes en altitude (c'est le cas de Los Angeles, où l'air continental surchauffé passe par-dessus les chaînes de montagne qui bordent le bassin et vient se placer au-dessus d'un air plus froid). Dans le cas où l'air dense est situé sous l'air plus chaud, le mélange vertical spontané n'est plus possible. L'atmosphère est stable et la situation devient propice à l'accumulation de la pollution.

Quant à la stratosphère*, située au-dessus de la troposphère, elle possède un gradient vertical de température positif. La stabilité verticale y est donc très grande car l'air froid, plus dense, est situé au-dessous de l'air chaud, plus léger. C'est un domaine stratifié, d'où son nom, qui ne favorise pas les mélanges verticaux. En revanche, les mouvements horizontaux y sont intenses, ce qui permet des transports de polluants sur de longues distances.

On distingue plusieurs échelles spatiales dans l'étude des mouvements de l'atmosphère. A l'échelle du globe, la circulation générale est déterminée par la position des grands systèmes de hautes et basses pressions. On remarque en particulier une circulation d'ouest aux latitudes moyennes et d'est aux basses et hautes latitudes. Le passage d'une masse d'air d'un hémisphère à l'autre est difficile. C'est ainsi que des quantités considérables de fines poussières émises lors de l'explosion du mont Saint Helens (volcan situé au nord-ouest des États-Unis) ont fait plusieurs fois le tour du monde, sans avoir jamais quitté l'hémisphère Nord.

A l'échelle d'un continent ou d'une région (échelle synoptique), la situation météorologique est un facteur essentiel dans l'apparition et l'évolution d'un épisode de pollution, car elle détermine la trajectoire des masses d'air et donc le transport des polluants, de même que l'intensité des processus de dispersion (*cf.* p. 15, « Transport de poussières sahariennes »).

Ainsi, une situation dépressionnaire avec vents forts d'ouest dirige sur l'Europe occidentale un flux d'air océanique qui est peu pollué. Au contraire, les situations anticycloniques peuvent avoir des conséquences beaucoup plus néfastes car elles sont souvent caractérisées par un ciel clair, des vents faibles et une inversion de température persistante (vers mille mètres d'altitude ou moins), favorisant l'accumulation des polluants. En France par exemple, la circulation générale apporte alors des masses d'air de nord-est qui ont traversé lentement les régions très peuplées, et très polluées, du Benelux et d'Allemagne.

Enfin, à une échelle encore plus restreinte, lorsque, en été, l'absence de vent synoptique est notable, les sites côtiers sont fréquemment le siège de régimes de brise, induits par le contraste thermique entre la mer et la terre. La circulation atmosphérique est alors complexe, car, la nuit, la terre se refroidit plus vite que la mer et favorise les aller et retour de masses d'air (que l'on peut observer à Athènes et à Fos-Marseille).

Ainsi, les constituants de l'atmosphère peuvent être transportés sur des distances variables et pendant une durée telle qu'ils pourront subir des transformations chimiques (*cf.* pp. 21-34) ou être « piégés ». On parle alors de « puits » par opposition aux sources. On parle également de puits lorsque des gaz ou des particules solides se dissolvent dans les gouttelettes d'eau des brouillards, des nuages ou des pluies, voire dans des flocons. Lors d'une pluie ou d'une chute de neige, les composés dissous sont alors précipités au sol. Il s'agit d'un « dépôt humide », par opposition au « dépôt sec ». Dans ce cas, le piégeage des gaz et des particules peut être la conséquence de leur contact avec le sol, les océans ou les végétaux (et même éventuellement avec les hommes...).

Ainsi, un puits dominant de l'ozone troposphérique, en milieu rural, est le dépôt sec sur le sol et la végétation. Certaines plantes sont très sensibles à l'ozone, qui peut diminuer de manière importante leur productivité et leur rendement, avec les conséquences économiques que l'on imagine (*cf.* pp. 101-106).

L'air, réacteur photochimique

Les différents polluants de l'atmosphère peuvent subir des réactions chimiques. L'oxygène de l'air (O_2) n'est pas assez réactif pour les attaquer directement. Il faut nécessairement faire intervenir des agresseurs beaucoup plus actifs qui ne peuvent être formés qu'après apport d'une énergie supplémentaire fournie dans tous les cas par le rayonnement du Soleil. Ce dernier est composé de photons qui transportent de l'énergie. Rappelons que l'énergie d'un photon ($h\nu$) de fréquence ν est d'autant plus grande que sa longueur d'onde λ est courte. La longueur d'onde se mesure en nanomètres (1 nm = 10^{-9} m).

Formation et rôle de l'ozone stratosphérique

Dans la stratosphère, où le rayonnement solaire est très énergétique parce que l'ultraviolet (UV) n'a pas encore été absorbé, les molécules d'oxygène (O_2) peuvent être dissociées en deux atomes d'oxygène (O). Un atome d'oxygène se combine à une molécule O_2 pour donner une molécule d'ozone (O_3) qui peut à son tour être photodissociée en O_2 et O. Ainsi un équilibre $O_2/O/O_3$ s'établit, qui se traduit par la présence d'une concentration d'ozone dans la stratosphère (*cf.* pp. 50-55), importante entre quinze et soixante kilomètres d'altitude, et maximale de vingt-cinq à trente kilomètres.

Ces molécules d'ozone captent une grande partie du rayonnement solaire, ce qui explique l'élévation de la température de la stratosphère lorsque l'altitude croît. Le rôle de cette « couche d'ozone stratosphérique » est fondamental, car les radiations solaires de longueurs d'onde inférieures à 290 nm, c'est-à-dire le rayonnement ultraviolet le plus énergétique, sont totalement absorbées par l'ozone, permettant ainsi la vie sur Terre. C'est un écran protecteur indispensable.

Formation de l'ozone troposphérique

Dans la troposphère, où les seules radiations solaires présentes ont des longueurs d'onde λ supérieures à 290 nm, le dioxyde d'azote (NO_2) est la molécule la plus facilement photolysable. Elle se dissocie en monoxyde d'azote (NO) et en oxygène atomique (O). Celui-ci réagit avec l'oxygène moléculaire (O_2) pour donner de l'ozone (O_3), qui peut ensuite ré-oxyder le monoxyde d'azote (NO) en dioxyde d'azote (NO_2) :

$$NO + O_3 \rightarrow NO_2 + O_2$$

On obtient ainsi un ensemble de réactions constituant un équilibre dynamique entre NO_2, NO et O_3.

Chambre de simulation atmosphérique.
Réacteur de grand volume, en pyrex, qui permet de suivre en laboratoire l'évolution de mélanges de polluants gazeux dans l'air, irradiés par une lumière artificielle simulant le spectre solaire. L'analyse du mélange est faite par spectroscopie in situ, *avec deux faisceaux lumineux (un pour l'ultraviolet visible, l'autre pour l'infrarouge) subissant de multiples réflexions pour augmenter le trajet optique. Ces analyses en continu permettent de déterminer le mécanisme des réactions et leur vitesse. On peut ainsi étudier des mélanges plus simples que dans la nature, en restant maître des conditions réactionnelles (nature des polluants, concentrations, température, pression).*
Ph. © LISA

La concentration d'ozone ainsi formée serait très faible s'il n'existait pas un autre moyen d'oxyder NO en NO_2 sans consommer d'ozone. C'est le rôle que remplissent les radicaux libres, comme les radicaux peroxyle (RO_2), obtenus lors de l'oxydation des hydrocarbures. Un cas particulier de ces radicaux peroxyle est le radical hydroperoxyle (HO_2), composé d'un atome d'hydrogène et de deux atomes d'oxygène. Les radicaux libres sont instables et très réactifs.

Oxydants photochimiques de la troposphère

L'ozone n'est pas le seul, ni le plus actif, des oxydants présents dans l'atmosphère. Il peut être photolysé et donner de l'oxygène moléculaire (O_2) et de l'oxygène atomique (O) :

$$O_3 + h\nu \rightarrow O_2 + O$$

Toutefois, si cette photolyse est obtenue par des photons suffisamment énergétiques (c'est-à-dire des photons dont la longueur d'onde est comprise entre 290 et 310 nm), l'oxygène atomique formé est dans un état excité et peut réagir avec la vapeur d'eau pour donner des radicaux libres (OH), appelés radicaux hydroxyle* :

$$\text{O excité} + H_2O \rightarrow 2\ OH$$

On sait maintenant que ce radical est, dans l'atmosphère, le réactif le plus énergique, car il réagit avec presque toutes les molécules organiques et peut les détruire : le radical hydroxyle est le principal nettoyeur de l'atmosphère. Il réagit également avec le dioxyde d'azote (NO_2) et le dioxyde de soufre (SO_2) pour former respectivement les acides nitrique (HNO_3) et sulfurique (H_2SO_4).

Composé	Formule relative à celle du méthane	Réactivité
Méthane	CH_4	1 (par convention)
Oxyde de carbone	CO	18
Éthane	CH_3-CH_3	32
Benzène	$C_6 H_6$	155
n-Butane	$C_4 H_{10}$	375
Toluène	$C_6 H_5$-CH_3	740
Éthène	CH_2=CH_2	1010
Formaldéhyde	$H_2 CO$	1070
Propène	$C_3 H_6$	3100
Butène-2	$C_4 H_8$	6670
β-Pinène	$C_{10}H_{16}$	9300

Réactivité des composés organiques dans l'atmosphère.
La réactivité relative est le rapport des constantes de vitesse de deux composés avec le radical hydroxyle (OH) : ainsi une molécule de propène réagit 3 100 fois plus rapidement qu'une molécule de méthane. Le β-Pinène est l'un des hydrocarbures produits par les conifères.
Source : selon J. N. Pitts.

Le troisième agresseur possible des composés atmosphériques est le radical nitrate (NO_3), formé par réaction du dioxyde d'azote (NO_2) avec l'ozone (O_3) selon la formule :

$$NO_2 + O_3 \rightarrow NO_3 + O_2$$

Contrairement au radical hydroxyle (OH), le radical nitrate se forme la nuit lorsque les concentrations de dioxyde d'azote et d'ozone sont élevées et qu'il n'y a plus de rayonnement solaire susceptible de le photo-dissocier. Le radical nitrate est un réactif de nuit, alors que le radical hydroxyle est un réactif de jour.

L'oxygène moléculaire (O_2), en revanche, ne réagit directement avec aucun composé organique de l'atmosphère, sauf avec des radicaux libres formés grâce à l'action de l'ozone (O_3), du radical hydroxyle (OH) et du radical nitrate (NO_3). C'est pourquoi, malgré sa faible réactivité, l'oxygène (qui représente 21 % de l'air) constitue bien évidemment le réservoir d'oxydant de l'atmosphère.

Photo-oxydation du méthane et de l'oxyde de carbone en atmosphère naturelle

Le radical hydroxyle, formé par photolyse, arrache à la molécule de méthane (CH_4) un atome d'hydrogène (H). Il s'ensuit la formation d'un radical méthyle (CH_3) et d'une molécule d'eau (H_2O) :

$$CH_4 + OH \rightarrow CH_3 + H_2O$$

Le radical méthyle (CH_3), oxydé par de l'oxygène moléculaire (O_2), donne un radical méthylperoxyle

$$CH_3 + O_2 \rightarrow CH_3O_2$$

qui peut oxyder du monoxyde d'azote (NO). Il se forme alors du dioxyde d'azote (NO_2) et un radical méthylalkoxy (CH_3O)

$$CH_3O_2 + NO \rightarrow CH_3O + NO_2$$

qui, en réagissant avec de l'oxygène (O_2), perd un atome d'hydrogène (H) : on obtient du formaldéhyde (CH_2O) et un radical hydroperoxyle (HO_2)

$$CH_3O + O_2 \rightarrow HO_2 + CH_2O$$

Ce radical hydroperoxyle oxyde à son tour une autre molécule de monoxyde d'azote (NO) en dioxyde d'azote (NO_2) :

$$HO_2 + NO \rightarrow OH + NO_2$$

On constate que l'introduction du méthane dans l'atmosphère provoque une succession de réactions chimiques : formation de formaldéhyde (CH_2O), relativement stable, qui peut encore être photolysé et oxydé ; formation de radicaux peroxyle (CH_3O_2 et HO_2) qui provoquent l'oxydation de monoxyde d'azote en dioxyde d'azote ; ce dernier est alors photolysé et donne de l'ozone dont la concentration augmente ; recyclage des radicaux OH, qui disparaissent dans la première réaction et réapparaissent dans la dernière.

Le processus peut recommencer : les chimistes disent qu'on a une réaction en chaîne ; nous venons d'en décrire un des maillons.

On utilise le terme de photo-oxydation atmosphérique pour désigner ce processus, insistant ainsi d'une part sur la photolyse qui aboutit à la formation du radical hydroxyle (OH), et d'autre part sur l'oxydation du méthane.

Dans l'atmosphère, l'oxyde de carbone (CO) est également photo-oxydé par l'attaque d'un radical hydroxyle (OH) qui l'oxyde en dioxyde de carbone (CO_2), terme final stable :

$$CO + OH \rightarrow CO_2 + H$$

L'atome d'hydrogène (H) ainsi formé est en revanche peu stable. Il est oxydé par l'oxygène (O_2) pour donner un radical hydroperoxyle (HO_2), lequel peut convertir encore du monoxyde d'azote (NO) en dioxyde d'azote (NO_2) selon les formules écrites précédemment. Le radical hydroxyle (OH) est donc recyclé. La réaction avec l'oxyde de carbone (CO) peut se reproduire.

En outre, l'oxydation du monoxyde d'azote (NO) en dioxyde (NO_2) s'effectuant sans consommer d'ozone (O_3), la concentration de ce dernier dans l'atmosphère s'accroît (la photolyse du dioxyde d'azote entraînant la formation d'ozone).

Photo-oxydation des composés organiques volatils

On désigne par composés organiques volatils* (COV) les composés gazeux présents dans l'atmosphère. Ils comprennent, en particulier, les hydrocarbures gazeux. Tous sont oxydés et subissent, pour la plupart, l'attaque d'un radical hydroxyle qui leur arrache un atome d'hydrogène. Le propane par exemple, de formule chimique C_3H_8, réagit avec le radical hydroxyle (OH) pour donner le radical propyle (C_3H_7) et une molécule d'eau (H_2O)

$$CH_3\text{-}CH_2\text{-}CH_3 + OH \rightarrow CH_3\text{-}CH_2\text{-}CH_2 + H_2O$$

La vitesse de cette réaction varie considérablement selon la nature du composé organique volatil considéré (*cf.* tableau p. 25) : si l'éthylène ($CH_2 = CH_2$), qui possède une double liaison éthylénique, peut dans des conditions données être photo-oxydé en une heure, le méthane (CH_4), en revanche, mettra mille fois plus de temps à disparaître. On peut ainsi caractériser une réaction par sa constante de vitesse : dans l'exemple précédent, celle de l'éthylène est mille fois plus grande que celle du méthane.

Le radical propyle obtenu lors de la réaction du propane avec le radical hydroxyle est oxydé par l'oxygène de l'air. Il s'ensuit donc des réactions tout à fait semblables à celles déjà expliquées dans la photo-oxydation du méthane. On assiste de nouveau à la formation de radicaux peroxyle (RO_2) et hydroperoxyle (HO_2), qui convertissent le monoxyde d'azote (NO) en dioxyde d'azote (NO_2) sans consommer d'ozone. D'où, après photolyse du dioxyde d'azote, formation supplémentaire d'ozone (O_3).

Le radical hydroxyle (OH) est recyclé et la réaction en chaîne ne s'arrêtera que lorsque des radicaux libres se transformeront en composés relativement stables : par exemple, si un radical hydroxyle (OH) réagit avec le dioxyde d'azote (NO_2) pour former de l'acide nitrique (HNO_3) :

$$OH + NO_2 \rightarrow HNO_3$$

ou lorsque deux radicaux hydroperoxyle (HO_2) réagissent et fabriquent une molécule de peroxyde d'hydrogène* (H_2O_2) :

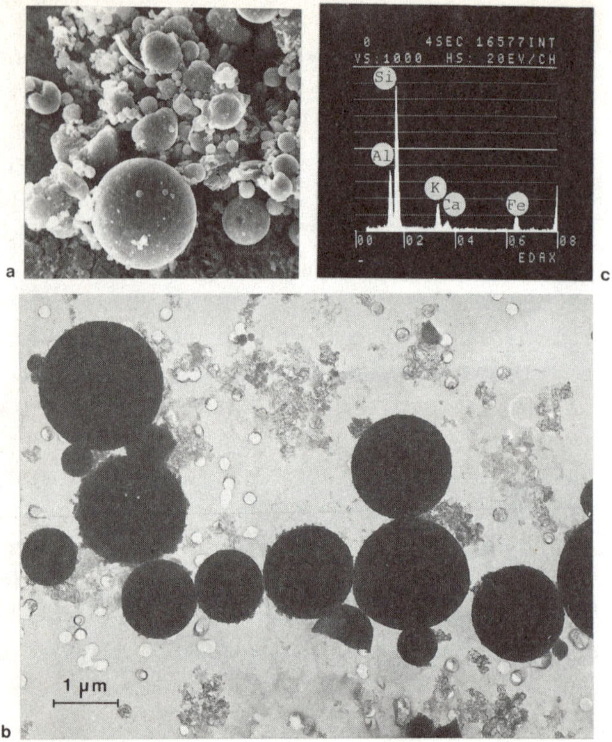

Analyse des polluants particulaires.
Le dépôt de ces polluants sur les pierres des bâtiments urbains provoque la formation de croûtes noirâtres. On a identifié des particules sphériques, émises lors de la combustion de charbons, les « cendres volantes ». Pour déterminer l'origine de certains polluants solides, les scientifiques ont recours à différents types d'analyses. En haut à gauche, cendres volantes d'un brûleur à charbon observées par microscopie électronique à balayage.
En bas, particule atmosphérique observée par microscopie électronique en transmission.
En haut à droite, analyse par spectrométrie des rayons X.
Source : LISA.

Altération des matériaux.
L'action conjuguée des polluants gazeux et particulaires, de la vapeur d'eau et de la pluie, altère gravement les pierres de certains monuments historiques, les calcaires en particulier, et provoque la formation de croûtes noirâtres qui finissent par se détacher.
Ph. © Carlos Freire / Rapho.

$$HO_2 + HO_2 \rightarrow H_2O_2 + O_2$$

Lors de cette première étape de photo-oxydation, le propane est oxydé en aldéhyde – le propanal (CH_3-CH_2-CHO) –, qui à son tour peut être attaqué par un radical hydroxyle (OH) ou dissocié par photolyse. Finalement, après de nombreuses réactions, le composé organique volatil est dégradé en gaz carbonique (CO_2) et en eau (H_2O).

De même, les hydrocarbures, qui possèdent des doubles liaisons éthyléniques (comme les alcènes) ou benzéniques (comme les aromatiques), peuvent également réagir avec le radical hydroxyle ou avec l'ozone. Les processus observés sont similaires à ceux déjà vus. La complexité des mécanismes réactionnels croît avec celle des composés organiques volatils oxydés.

Des composés beaucoup plus toxiques peuvent également apparaître, par exemple des dérivés nitrés dont certains sont reconnus comme cancérigènes. Ainsi, avec l'acétaldéhyde (CH_3CHO), qui peut être produit soit lors de combustions (moteurs Diesel en particulier), soit par oxydation d'hydrocarbures, l'attaque du radical OH donne un radical acétyle (CH_3CO) qui peut ensuite réagir avec une molécule d'oxygène et une molécule de dioxyde d'azote (NO_2) pour former du nitrate de peroxyacétyle, ou PAN (CH_3-CO-O-O-NO_2). Celui-ci est lacrymogène et relativement stable à température peu élevée.

La nuit, où la photolyse de l'ozone ne peut se produire, les radicaux nitrates (NO_3) prennent le relais. Ils arrachent un atome d'hydrogène à un composé organique volatil, ou s'additionnent pour donner des radicaux qui réagissent avec l'oxygène de l'air. On parle alors de «photochimie* de nuit» ou de «photochimie différée», puisque ces radicaux nitrates (NO_3) résultent de la photolyse du dioxyde d'azote (NO_2) qui a eu lieu pendant la journée.

Brouillard photochimique (*smog*)

Dans les zones très polluées, certains des produits formés par oxydation des composés gazeux sont extrêmement peu volatils, si bien que, même formés à l'état gazeux, leur concentration atteint rapidement le point de saturation. Ils se condensent alors pour former un aérosol (qui est une suspension de particules dans l'air) de particules liquides ou solides, appelé brouillard photochimique (*smog* en anglais, par contraction de *smoke*, «fumée», et *fog*, «brouillard»). Ce brouillard a été étudié pour la première fois dans le bassin de Los Angeles.

Les particules du *smog* renferment des acides, comme les acides nitrique (HNO_3) et sulfurique (H_2SO_4), formés par oxydation des dioxydes d'azote (NO_2) et de soufre (SO_2), des nitrates, des sulfates, des sels d'ammonium, des métaux, des composés carbonés oxydés et de l'eau. C'est donc un milieu très complexe, dont les constituants ont été formés par des processus faisant intervenir tous les composés de l'atmosphère et se produisant dans des milieux physiques divers : solide, liquide et gazeux (les spécialistes parlent de processus multiphasiques).

Il faut signaler que, si ce *smog* est plus fréquent dans les zones où les précurseurs, c'est-à-dire les polluants nécessaires à sa formation (composés organiques volatils et oxydes d'azote), sont en concentrations élevées du fait des émissions anthropiques intenses et des conditions météorologiques favorables (ensoleillement, inversion de température, situation anticyclonique), il peut également se produire en milieu naturel, par exemple au-dessus de sources intenses d'hydrocarbures d'origine végétale. Il est responsable du halo que l'on voit au-dessus des zones les plus polluées lorsque les conditions météorologiques sont favorables et peut devenir très dangereux si certaines conditions sont réunies : émissions importantes de composés organiques volatils et d'oxydes d'azote, température élevée, topographie et météorologie favorables (ce qui est souvent le cas à Los Angeles, Fos-Marseille, Athènes, Mexico...).

Qualité de l'air

La concentration d'un polluant mesurée en un lieu est fonction des sources et des puits de ce polluant. Les sources sont les émissions locales et les flux apportés par les acteurs météorologiques. Les puits sont les transformations chimiques de ce polluant, les dépôts sec et humide, et les transports susceptibles de l'éloigner. La différence entre la production des sources et l'activité des puits pour un polluant donné détermine sa concentration à un instant donné. Les variations spatio-temporelles de cette concentration sont très rapides, en particulier si les émissions locales ou les vents sont variables. C'est pourquoi on considère habituellement la concentration moyenne sur une heure, ou plus.

Réseaux de surveillance

En France, dans les grandes agglomérations urbaines ou près des zones industrielles, certains polluants tels le dioxyde de soufre (SO_2), l'oxyde de carbone (CO), les oxydes d'azote (NO_x), l'ozone (O_3), les hydrocarbures, les poussières en suspension, et quelques métaux comme le plomb ou le cadmium sont surveillés très régulièrement par des organismes publics spécialisés qui ont disposé des réseaux d'analyseurs automatiques à des endroits supposés représentatifs. Les résultats de ces observations sont centralisés et exploités par les autorités locales chargées de l'environnement qui peuvent ainsi intervenir lorsque le niveau d'alerte est atteint, ou risque de l'être si les conditions météorologiques (température, vent, etc.) sont défavorables.

Les mesures prises varient en fonction du lieu considéré : contraindre les industriels à utiliser des combustibles peu chargés en soufre pour diminuer les émissions de dioxyde de soufre, ou même les obliger à interrompre momentanément leurs activités polluantes ; ou limiter la circulation automobile, comme à Rome ou à Athènes, pour faire baisser les émissions d'oxyde d'azote, d'hydrocarbures et d'oxyde de carbone.

Les organismes chargés de surveiller la pollution atmosphérique urbaine mettent leurs résultats à la disposition du public. C'est ainsi qu'AIRPARIF (réseau de surveillance de la région Ile-de-France) diffuse dans les médias un indice de pollution atmosphérique qui tient compte de la teneur des principaux polluants (*cf.* schéma p. 39).

Les villes des pays développés sont en général assez bien surveillées, même si parfois l'installation de points de mesure des réseaux en un lieu donné répond plus à des considérations techniques ou politiques que scientifiques. Cependant, en règle générale, les stations de mesure sont très rares dans les zones périurbaines et quasiment inexistantes dans les zones rurales.

Les conclusions que l'on peut tirer de cette surveillance sont correctes quand elle concerne l'étude de tous les polluants qui n'évoluent pas ou, au contraire, de ceux qui ont évolué très rapidement après leur émission. Toutefois, la surveillance d'un composé comme l'ozone n'est pas des plus satisfaisantes. En effet, en centre-ville, on ne constate que très rarement des concentrations importantes d'ozone, ce composé réagissant rapidement avec le monoxyde d'azote, selon la réaction déjà vue pour donner du dioxyde d'azote (NO_2) :

$$NO + O_3 \rightarrow NO_2 + O_2$$

Tant qu'il subsiste du monoxyde d'azote (NO), l'ozone est immédiatement piégé. Les concentrations de quelques dizaines de ppbv (parties par milliard en volume) observées de jour résultent, pour une large part, du transport depuis les couches supérieures de l'atmosphère. La nuit, les concentrations d'ozone sont généralement très faibles.

Dans la proche banlieue, où l'activité industrielle et polluante est plus faible, le piégeage par le monoxyde d'azote (NO) est diminué, et la concentration d'ozone augmente parfois jusqu'à une centaine de ppbv en cas de pollution (dans une situation anticyclonique, avec fort ensoleillement, température élevée et inversion de température, par exemple).

Dans les régions où les polluants sont transportés par le vent, la concentration en ozone peut devenir

Étude de polluants en milieu naturel.
Des composés organo-soufrés sont émis par l'océan et par les champs d'algues côtiers. Ici, à Penmarch, à la pointe de la Bretagne, les recherches ont porté sur l'impact de ces émissions sur la chimie des masses d'air océanique «propre». La chimie de l'atmosphère nécessite la mise au point de méthodes d'analyse de plus en plus perfectionnées, sélectives, sensibles, fiables et automatisées, qui permettent des mesures en continu, sur un court laps de temps.
Ph. © LISA.

importante, l'oxyde d'azote ayant déjà été totalement oxydé en dioxyde d'azote par l'ozone. Ainsi, à cinquante kilomètres au sud-ouest de Paris, on a pu noter des pointes de 150 ppbv et, à l'est de Fos-Marseille, de 200 à 300 ppbv. Dans le bassin de Los Angeles, on peut avoir 100 ppbv près de la côte de l'océan Pacifique, où l'activité humaine est concentrée, et jusqu'à 600 ppbv près des contreforts des montagnes qui cernent ce bassin, à quatre-vingts kilomètres à l'intérieur

indice	qualité de l'air	% observé en 1991 - 1992
1	excellent	1
2	très bon	28
3	bon	35
4	assez bon	21
5	moyen	9
6	médiocre	3
7	très médiocre	2
8	mauvais	1
9	très mauvais	0
10	exécrable	0

Qualité de l'air en agglomération parisienne. *AIRPARIF a développé un « indice » qui définit la qualité de l'air sur une journée. Cet indice est calculé à partir des niveaux moyens de quatre polluants (dioxyde de soufre, dioxyde d'azote, ozone et poussières) caractéristiques de la pollution industrielle, urbaine et domestique.*

des terres. Dans ces exemples, l'ozone se forme sous le vent des lieux d'émission.

Si on se réfère au texte publié dans le Journal officiel des Communautés européennes (*cf.* annexe pp. 111-112), on remarque que les normes fixées pour l'ozone au niveau européen sont assez fréquemment dépassées.

Le contrôle de l'ozone troposphérique pose un problème très difficile à résoudre (*cf.* p. 89).

Évolution de la pollution

Pour certains polluants, comme le plomb et le dioxyde de soufre, les mesures prises dans les pays développés au cours des dernières années ont été couronnées de succès.

Pour le plomb, il a suffi d'encourager l'utilisation des essences sans plomb. A Paris, la concentration moyenne annuelle est passée de 8 mg m^{-3} en 1978 à moins de 1 mg m^{-3} en 1991.

Quant au soufre, ses émissions ont fortement chuté en France depuis 1970-1975. C'est le résultat de plusieurs phénomènes : très forte baisse de l'utilisation du charbon, épuration des gaz de combustion des chaudières industrielles à charbon et à fioul, utilisation accrue du gaz naturel, et production majoritaire d'électricité par des centrales nucléaires. Pour la région parisienne, la teneur en dioxyde de soufre (SO_2) a baissé de plus de moitié entre 1975 et 1992.

En revanche, dans certaines régions d'Europe de l'Est, où on brûle des quantités importantes de charbon et de lignite à forte teneur en soufre, la situation est catastrophique. Rappelons que des accidents graves ont eu lieu en plusieurs endroits, en particulier en décembre 1952 à Londres, lorsqu'il y eut simultanément combustion importante de charbons soufrés, vent nul et brouillard intense. Dans ce cas, le dioxyde de soufre se dissout dans les gouttelettes d'eau et l'oxydation est alors beaucoup plus rapide qu'en phase gazeuse. L'eau se charge en acide sulfurique et l'air devient très dangereux à respirer, ce qui peut causer des accidents respiratoires graves chez les sujets les plus fragiles.

Enfin, pour d'autres polluants, comme les oxydes d'azote et les composés organiques volatils, on n'a pas encore obtenu d'amélioration significative. Il est beaucoup plus difficile de réduire leurs émissions anthropiques, surtout quand elles sont d'origine automobile.

Afin de diminuer la pollution automobile, on essaie de trouver une solution avec les pots catalytiques (dits « à trois voies »), c'est-à-dire des dispositifs placés dans les canalisations d'échappement qui transforment les trois polluants émis en produits non dangereux : les oxydes d'azote sont réduits en azote, l'oxyde de carbone et les hydrocarbures sont oxydés en vapeur d'eau et gaz carbonique. On utilise pour cela un catalyseur* au platine, c'est-à-dire un composé qui permet aux réactions de se produire sans être lui-même consommé, et un réglage très précis de la teneur en oxygène des gaz de combustion.

On y parvient grâce aux techniques actuelles comme l'injection électronique de l'essence en particulier, qui permet un réglage très précis du mélange air-essence. Cependant le catalyseur est détruit si certains composés se déposent à sa surface : il faut donc utiliser de l'essence sans plomb. Le plomb était employé depuis plusieurs décennies pour augmenter les qualités de l'essence utilisée par les moteurs modernes, très performants ; il a pourtant fallu le supprimer et mettre au point des essences sans plomb ayant les mêmes caractéristiques. C'est pourquoi on a eu recours à un raffinage plus poussé du pétrole et à l'emploi de nouveaux additifs. Le problème est que le catalyseur ne peut fonctionner que lorsqu'il est suffisamment chaud. Or, en ville, la plupart des déplacements sont courts, avec au départ un moteur froid. Par conséquent, le catalyseur n'est pas efficace pendant les premiers kilomètres. Un remède est à l'étude actuellement qui consiste à préchauffer le pot catalytique.

L'autre difficulté rencontrée, pour diminuer les oxydes d'azote et les composés organiques, réside dans le fait que les véhicules à moteur Diesel ne sont pas équipés de pots catalytiques à trois voies. En France, il n'existe aucun dispositif d'épuration, pas même des filtres pour arrêter les fumées noires émises (comme cela se pratique dans quelques pays). Si les gaz d'échappement Diesel contiennent moins d'oxyde de carbone, ils ont autant d'oxydes d'azote, plus de composés organiques – oxydés ou non (aldéhydes*, hydrocarbures polyaromatiques) – et de suies. Comme en France la consommation de carburant Diesel a maintenant dépassé celle des essences, on peut en déduire que la pollution automobile n'est pas sur le point de baisser.

Pour les pollutions industrielles, des efforts significatifs ont été réalisés, mais non encore généralisés. Des brûleurs émettant moins d'oxydes d'azote sont en cours de développement. Les fumées de combustion sont épurées : les poussières sont convenablement piégées, le dioxyde de soufre et les autres gaz acides sont absorbés. Cependant, les procédés d'épuration des oxydes d'azote sont très onéreux et très peu répandus.

Quant aux composés organiques volatils, on peut soit les récupérer quand le procédé est rentable, soit les brûler ; on essaie également de diminuer leur utilisation, en employant par exemple des peintures peu polluantes.

L'équilibre atmosphérique

Le terme « équilibre » s'applique à différentes réalités. En thermodynamique, un équilibre concerne une réaction élémentaire, c'est-à-dire une réaction qui se réalise en une seule étape, mais dans les deux sens. Ainsi, une réaction équilibrée s'établit lorsqu'on considère la dissolution du gaz carbonique dans l'eau des océans. La réaction s'écrit alors avec une flèche double de la façon suivante :

$$CO_2 \text{ gazeux} + \text{eau liquide} \Leftrightarrow CO_2 \text{ aqueux}$$

Cette double flèche traduit le fait qu'il existe deux possibilités : soit une molécule de gaz carbonique gazeux se dissout en s'approchant suffisamment près de la surface de l'eau et donne du CO_2 aqueux (qui à son tour peut subir d'autres réactions et donner des ions carbonates) ; soit, inversement, le dioxyde de carbone, présent en solution (CO_2 aqueux), s'échappe dans l'atmosphère, réaction que l'on peut observer en remplissant un verre d'eau minérale dite « gazeuse ». On obtient alors une réaction équilibrée, régie par des lois chimiques et physiques.

L'équilibre se réalise lorsque le rapport des concentrations de gaz carbonique gazeux et dissous atteint une valeur fixée appelée la constante d'équilibre (qui varie avec la température). Cet équilibre est dynamique car, à chaque instant, dans le milieu naturel, du gaz carbonique gazeux se dissout et, inversement, du dioxyde de carbone aqueux s'évapore. En état d'équilibre, les deux réactions sont d'égale intensité.

On utilise également le terme d'« équilibre » pour désigner des phénomènes plus complexes. Ainsi, quand nous avons décrit le processus de formation de l'ozone troposphérique (*cf.* pp. 22-24), nous avons écrit trois réactions successives (photolyse du dioxyde d'azote, formation de l'ozone puis destruction de ce dernier lorsqu'il ré-oxyde le monoxyde d'azote en dioxyde) qui, seules, conduiraient à un état stable appelé état stationnaire. Toutes les constantes de ces réactions étant connues, il est facile en effet de calculer les concentrations des différents constituants. Toutefois, dans le milieu naturel, les choses se compliquent : d'autres réactions interviennent simultanément dans le système chimique, comme par exemple l'oxydation du monoxyde d'azote en dioxyde d'azote par les radicaux peroxyle, ou la consommation d'ozone par divers composés organiques de l'atmosphère. Interviennent aussi des phénomènes physiques : formation d'ozone dans les éclairs d'orage, transport d'ozone depuis la stratosphère, dépôt d'ozone sur le sol et les plantes. Mentionnons enfin le rôle des phénomènes biologiques dans le système chimique, l'ozone pouvant réagir avec la matière vivante.

Malgré sa complexité, le système chimique connaît pourtant un état d'équilibre, déterminé par les différentes lois qui régissent les phénomènes mis en jeu. Chaque phénomène variant en fonction des autres, il est clair que cet équilibre naturel est fragile : en modifiant l'un d'eux, on peut bouleverser tout le système.

*Des phénomènes physiques,
chimiques et biologiques en interaction
conduisent à un équilibre atmosphérique
complexe, dynamique et fragile.*

*L'équilibre atmosphérique
peut-il être perturbé très sensiblement
par les activités humaines croissantes ?*

Conséquences des perturbations de l'équilibre

La compréhension des mécanismes qui produisent des polluants, ou qui sont la cause de leur évolution dans l'atmosphère, de leur transport ou de leur élimination, permet de surveiller la pollution locale, mais pas toujours de la contrôler. L'atmosphère est un milieu complexe, dynamique et sensible, régi par des phénomènes physiques et chimiques qui créent un état d'équilibre apparent. Mais celui-ci peut être modifié par des interventions naturelles et anthropiques. Ces dernières peuvent-elles avoir une influence notable sur l'ensemble du globe ?

Nous allons tenter d'y répondre par l'étude de trois exemples actuellement très sensibles, étudiés par les scientifiques et suivis de près par les personnes chargées de prendre les décisions.

Le premier exemple est celui du problème posé par certains composés chlorés : on sait maintenant qu'ils sont capables de faire diminuer la couche d'ozone stratosphérique sur l'ensemble du globe – mais pas encore de façon catastrophique – et qu'ils peuvent aussi provoquer au printemps un « trou » dans la couche d'ozone au-dessus du continent antarctique.

Des ballons pour l'ozone. *La détermination, à différentes altitudes, des concentrations de certains composés gazeux (l'ozone par exemple) peut être réalisée à l'aide de ballons-sondes transportantdes appareils de prélèvement et d'analyse.*
Ph. © Philippe Plailly.

L'effet des composés chlorés, émis depuis plusieurs décennies, est maintenant prouvé ; il se fera sentir pendant environ un siècle, car le temps de transport de ces composés dans la stratosphère est très long. Une diminution notable de cette couche d'ozone pourrait avoir des effets sur la santé humaine, sur la végétation, mais aussi sur le climat.

Le deuxième exemple, par ordre chronologique, est celui de l'influence sur l'atmosphère des émissions croissantes de gaz à effet de serre, gaz carbonique et autres. L'augmentation de l'effet de serre peut entraîner la hausse de la température moyenne du globe et faire monter le niveau des mers. Cela provoquerait alors une perturbation considérable des climats de plusieurs régions, un changement de l'intensité des précipitations et, par conséquent, de la productivité agricole. L'état actuel des connaissances ne permet pas de prédire quantitativement l'amplitude de ces effets, surtout sur le plan régional.

Enfin, ce n'est guère que depuis le début des années 90 que l'on a pris conscience de l'ampleur des problèmes posés par l'élévation de la concentration moyenne de l'ozone troposphérique dans les basses couches de l'atmosphère, à l'échelle du globe. Si cette augmentation se poursuit, les effets de l'ozone (et plus généralement de tous les composés qui sont formés simultanément) sur la santé des hommes et sur la végétation s'amplifieront. Mais, à l'heure actuelle, il n'est pas encore possible de prédire quantitativement ces effets, pas plus qu'il n'est permis de mesurer le rôle de l'ozone troposphérique dans l'augmentation de l'effet de serre.

La diminution de l'ozone stratosphérique

Historiquement, le premier problème d'environnement global, concernant l'ensemble de la planète, a été celui de la diminution éventuelle de la couche d'ozone stratosphérique.

L'ozone stratosphérique dans son état d'équilibre naturel

La réaction de photolyse de l'oxygène moléculaire (O_2) produisant deux atomes d'oxygène

$$O_2 + h\nu \rightarrow 2\,O$$

suivie des réactions déjà vues de formation d'ozone (O_3)

$$O_2 + O \rightarrow O_3$$

de sa photolyse

$$O_3 + h\nu \rightarrow O_2 + O$$

et de la combinaison possible de l'oxygène atomique (O) avec l'ozone (O_3) pour redonner de l'oxygène moléculaire (O_2)

$$O + O_3 \rightarrow 2\,O_2$$

forment un équilibre dynamique qui explique la présence d'ozone dans la stratosphère.

Mais ces quatre réactions ne suffisent pas à représenter quantitativement la distribution spatio-temporelle de l'ozone. Il faut également tenir compte des autres espèces chimiques présentes à cette altitude, ainsi que des lois de la météorologie et de la photochimie.

En effet, dans les régions tropicales, lors des orages qui se produisent à haute altitude (dix kilomètres), les éclairs font réagir l'azote avec l'oxygène pour donner le monoxyde d'azote (NO). La météorologie particulière de ces régions crée des mouvements ascendants intenses qui transportent le monoxyde d'azote dans la stratosphère.

On va donc y trouver, sans intervention humaine, des espèces que nous avons déjà rencontrées : les oxydes d'azote (NO et NO_2), les radicaux hydroxyle (OH) – obtenus par photolyse de l'ozone (O_3) et par réaction avec la vapeur d'eau, quoique peu abondante – et l'hydroperoxyle (HO_2), toujours associé à OH. Ces deux couples NO/NO_2 et OH/HO_2 se retrouvent dans l'atmosphère à des concentrations très faibles, mais sont dotés d'une réactivité élevée. Ils vont jouer un rôle très important dans le cycle de l'ozone. Nous connaissons déjà certaines des réactions possibles :

$$X + O_3 \rightarrow XO + O_2$$
$$XO + O \rightarrow X + O_2$$

Le rôle du couple X/XO peut être tenu soit par les deux oxydes d'azote NO/NO_2, soit par les deux radicaux OH/HO_2. Lorsqu'un réactif X est oxydé par l'ozone, il se transforme en composé XO qui ensuite réagit avec un atome d'oxygène pour redonner X. Ces deux réactions consécutives constituent le maillon d'une réaction en chaîne, puisque l'espèce X (NO ou OH) consommée dans la première est régénérée dans la seconde. Ce phénomène peut donc se reproduire plusieurs fois. Le bilan global de ces deux réactions, en faisant la somme membre à membre, s'écrit :

$$O_3 + O \rightarrow 2O_2$$

comme si une molécule d'ozone (O_3) et un atome d'oxygène (O) donnaient directement deux molécules d'oxygène.

Mais cette dernière équation est un bilan, et non pas une réaction chimique se produisant directement. Ce résultat définitif peut être obtenu grâce à l'intervention d'un couple NO/NO_2 ou OH/HO_2. On parle alors de réaction catalysée par le couple X/XO, ce dernier se retrouvant inchangé en fin de réaction.

Si chacun de ces couples de réactions était seul à se produire, toutes les molécules d'ozone seraient inéluctablement détruites. Il se trouve en fait que toutes les réactions déjà citées coexistent, et que d'autres encore interviennent et font disparaître des réactifs des deux couples concurrents. Ainsi la réaction entre le dioxyde d'azote (NO_2) et le radical hydroxyle conduit à la formation de l'acide nitrique (HNO_3) selon la formule :

$$NO_2 + OH \rightarrow HNO_3$$

En outre, les couples de catalyseur ne sont pas indépendants, puisque le monoxyde d'azote (NO) peut réagir avec l'ozone (O_3), mais également avec le radical hydroperoxyle (HO_2). C'est pourquoi il ne faut surtout pas raisonner en isolant un des cycles, mais nécessairement prendre en compte, de façon simultanée, toutes les réactions possibles.

Les phénomènes se compliquent aussi car les réactions photochimiques qui permettent la dissociation de l'oxygène (O_2), de l'ozone (O_3) et du dioxyde d'azote (NO_2) sont bien plus intenses dans la haute stratosphère (cinquante à soixante-dix kilomètres) qu'à basse altitude (dix à trente kilomètres), où une partie du rayonnement solaire a été arrêtée par les couches supérieures de l'atmosphère.

D'autre part, il existe dans la stratosphère des vents très violents qui provoquent des transports horizontaux. Cela explique le fait que, si l'ozone est essentiellement produit dans les régions équatoriales (où l'ensoleillement est plus grand), il est cependant plus abondant au-dessus des pôles au moment de l'équinoxe de printemps : transporté par des mouvements horizontaux de l'équateur jusqu'aux pôles, où l'ensoleillement est très faible pendant l'hiver, l'ozone (O_3) y est donc peu photolysé.

Il résulte de ces phénomènes chimiques, photochimiques et météorologiques une distribution de l'ozone stratosphérique non uniforme, ainsi que des variations

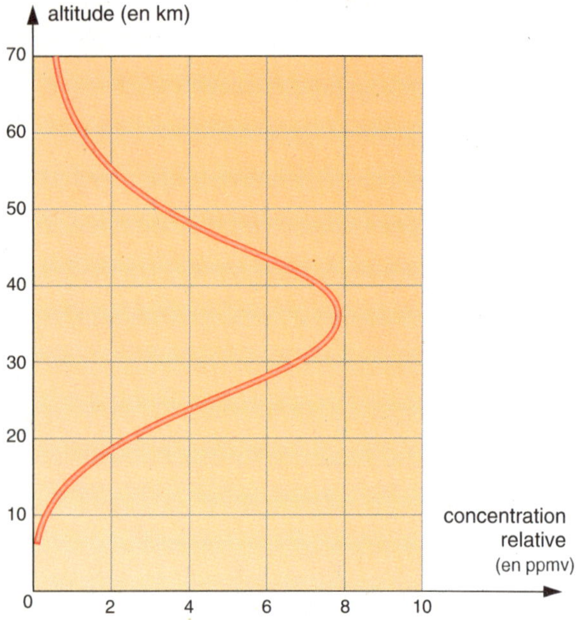

Ozone et altitude.
La concentration relative de l'ozone dans la stratosphère est exprimée en parties par million en volume (ppmv). Elle est importante entre dix et soixante-dix kilomètres d'altitude et maximale vers trente kilomètres.

spatiales (latitude, altitude) et temporelles (jour/nuit, saisons, cycle solaire) très grandes.

Cependant, on peut considérer une distribution verticale moyenne, comme celle du schéma ci-dessus, où l'on atteint une densité maximale vers trente kilomètres d'altitude et une concentration moyenne dans la région comprise entre dix et soixante-dix kilomètres.

La concentration relative est élevée (maximum de 8 ppm = 8 000 ppb), comparée à celle que nous avons observée dans la troposphère (100 à 600 ppb au maximum). Nous allons voir comment il nous a été possible de mesurer cette distribution. Si on ramenait, ce qui est une vue de l'esprit, la totalité de ces molécules au niveau du sol, elles formeraient un film d'ozone pur de trois millimètres d'épaisseur.

Retenons bien que les équilibres chimiques et physiques régissant la couche d'ozone stratosphérique peuvent facilement évoluer : peu de choses suffisent à les modifier. Au niveau de la stratosphère, les émissions anthropiques, comme celles d'oxydes d'azote ou de nouvelles espèces chimiques, auront donc un impact plus important.

L'accroissement des oxydes d'azote

Des émissions directes d'oxyde d'azote (NO_x) peuvent être le fait des avions volant dans la stratosphère. C'est ce qu'ont affirmé des scientifiques américains en 1973 lorsque le projet de l'avion supersonique franco-britannique Concorde a pris corps. On envisageait alors une flotte de deux cents avions volant en moyenne dix heures par jour et injectant des quantités non négligeables d'oxydes d'azote par élévation de la température de l'air dans les réacteurs lors de la combustion du kérosène. La crise pétrolière a miné ce projet et, par la même occasion, a donc enrayé la production supplémentaire d'oxydes d'azote. Cependant, les scientifiques avaient eu l'occasion d'attirer l'attention sur un fait jusque-là plus ou moins ignoré : la fragilité de la couche d'ozone.

Les oxydes d'azote (NO_x) produits au niveau du sol réagissent trop vite pour avoir une chance d'atteindre la stratosphère. Toutefois, le protoxyde d'azote (N_2O), molécule non toxique, très stable, ne réagit avec aucun des réactifs de la troposphère et n'est pas photolysable par les photons disponibles à cette altitude (dont la longueur d'onde est supérieure à 290 nm). Il a donc une durée de vie très longue et peut s'accumuler et se répandre dans toute la troposphère, jusqu'à une altitude élevée. Par conséquent, il lui est possible de passer dans la stratosphère. Ce transport est très lent (puisqu'il peut durer plusieurs années), mais il est prouvé.

Le protoxyde d'azote (N_2O) a deux sources principales : les combustions et les sols agricoles. En effet, toutes les combustions entraînent la formation d'oxydes d'azote (NO et NO_2), ainsi que celle d'un peu de protoxyde d'azote (N_2O). Dans le cas des moteurs d'automobiles, s'il nous est possible d'éliminer la production d'oxydes d'azote par l'utilisation d'un pot catalytique, certains chercheurs ont montré qu'on élevait alors la quantité émise de protoxyde d'azote (N_2O) : le remède permettant d'éliminer certains polluants augmenterait donc la production de certains autres !

L'autre source de protoxyde d'azote est la dénitrification des sols agricoles sur lesquels on répand des quantités de plus en plus grandes d'engrais azotés. Des bactéries réduisent une partie de ces nitrates en protoxyde d'azote, composé gazeux, qui passe alors dans la troposphère.

Les émissions de protoxyde d'azote (N_2O) augmentent ainsi depuis quelques décennies et vont continuer de croître. En 1994, la concentration relative moyenne dans la troposphère de protoxyde d'azote est de 300 parties par milliard en volume (ppbv) ; elle augmente de 0,25 % par an et pourrait atteindre des valeurs de 400 à 450 ppbv en l'an 2040. Nous sommes donc en train de modifier complètement la composition atmosphérique.

L'un des rares puits du protoxyde d'azote (N_2O) est la stratosphère, que les molécules, du fait de leur grande stabilité, parviennent à atteindre même si leur transport peut durer plusieurs années. Elles sont alors photolysées par des photons qui, à cette altitude, sont suffisamment énergétiques pour les dissocier, et forment les oxydes d'azote (NO_x), beaucoup plus réactifs. L'apport d'oxydes d'azote supplémentaires renforce l'efficacité du cycle catalytique vu précédemment et perturbe donc l'équilibre préétabli.

L'apparition des chlorofluorocarbures (CFC)

La seconde catégorie de produits dangereux pour la couche d'ozone stratosphérique est constituée des chlorofluorocarbures* (CFC), dérivés chlorés et fluorés du méthane ou d'autres hydrocarbures simples. Les plus courants sont le CFC 11 de formule $CFCl_3$ et le CFC 12 de formule CF_2Cl_2.

Ce sont des produits extraordinaires ; mis au point par les chimistes, ils sont très stables, chimiquement inertes, ininflammables, non toxiques, bons solvants, et peuvent être employés sans aucun danger sur le plan industriel et domestique. Depuis 1960, leur usage s'est considérablement étendu. Ils sont utilisés comme propulseurs d'aérosols (en parfumerie, dans les produits corporels, les produits ménagers, les peintures, les produits phytosanitaires...) et servent aussi d'agents gonflants des mousses flexibles et rigides (utiles aux industries automobiles, à la literie, aux emballages, à l'isolation). La troisième et principale utilisation des chlorofluorocarbures est celle de la réfrigération et de la climatisation.

Une autre catégorie est celle des halons, dont la composition chimique est similaire à celle des chlorofluorocarbures, mais qui contiennent un atome de brome, comme le bromotrifluorométhane CF_3Br. Ce sont des produits d'extinction utilisés notamment pour protéger les salles d'ordinateurs.

La production mondiale totale de chlorofluorocarbures était d'environ 1 million de tonnes par an en 1974, année record. On a ensuite découvert qu'après avoir été émis dans l'atmosphère ils atteignaient, plus ou moins rapidement, la stratosphère. Avec les premières craintes, la production a ralenti.

Très stables, les chlorofluorocarbures ne sont ni photolysés dans la troposphère ni attaqués par les radicaux hydroxyle (OH). Leur durée de vie est de soixante à deux cents ans. Ils s'accumulent et leur concentration n'a cessé de croître pour atteindre quelques dixièmes de parties par milliard (ppbv) sur l'ensemble du globe ; ils continuent d'augmenter à un rythme rapide (environ 4 % par an), selon le délai de relargage des chlorofluorocarbures dans l'atmosphère : délai de relargage très court pour un aérosol mais beaucoup plus long pour les réfrigérateurs par exemple.

De même que pour le protoxyde d'azote (N_2O), autre produit très stable, le puits principal des chlorofluorocarbures est la stratosphère, où ils sont photolysés et libèrent des atomes de chlore qui vont réagir avec l'ozone stratosphérique et donner l'oxyde de chlore (ClO) :

$$Cl + O_3 \rightarrow ClO + O_2$$

L'oxyde de chlore réagit ensuite avec un atome d'oxygène et recycle l'atome de chlore (Cl) :

$$ClO + O \rightarrow Cl + O_2$$

On retrouve les mêmes réactions que celles décrites précédemment, où le rôle du catalyseur X / XO est ici tenu par le couple Cl / ClO. Si l'on applique le même mécanisme chimique aux halons, on assiste à la formation d'atomes de brome dans la stratosphère. Le rôle du catalyseur X / XO est alors tenu par le couple Br / BrO. L'homme a ainsi ajouté deux cycles de destruction de l'ozone au système réactionnel vu plus haut.

Il existe également des réactions couplant deux cycles catalytiques, celui du dioxyde d'azote (NO_2) avec celui de l'oxyde de chlore (ClO) par exemple :

$$NO_2 + ClO \rightarrow Cl\,NO_3$$

Ainsi se forme du nitrate de chlore, tandis que disparaît une partie des atomes de chlore : en simplifiant, on peut dire que l'injection d'oxydes d'azote (NO_x) protège l'ozone de l'action du chlore !

Dans les années 70, prenant conscience du danger à utiliser les chlorofluorocarbures, on a essayé de réduire, voire de supprimer leur production. Ainsi, on emploie dorénavant comme propulseurs d'aérosols des hydrocarbures (qui présentent un risque d'inflammabilité et même d'explosion), ou des gaz inertes comme l'azote ou le gaz carbonique (qui ne sont pas des solvants des produits à propulser et qui ne donnent pas le même confort aux utilisateurs). Pour la réfrigération, on a mis au point des chlorofluorocarbures beaucoup moins stables, appelés hydrochlorofluorocarbures (HCFC), comme le HCFC 22 de formule CHF_2Cl, dont l'atome d'hydrogène peut être arraché par un radical hydroxyle (OH), et qui est détruit dans la troposphère. Toutefois, les produits émis lors de cette réaction peuvent être dangereux pour la santé. Il ne suffit pas qu'un produit disparaisse de l'atmosphère, encore faut-il qu'il ne soit pas transformé en composés encore plus dangereux pour l'homme. C'est pourquoi une étude d'impact sur l'environnement doit toujours comporter une analyse complète du mécanisme d'évolution chimique du produit de remplacement.

La couche d'ozone est-elle menacée ?

Les soupçons qui pèsent sur les chlorofluorocarbures ont entraîné dès 1972 des mesures de réduction de leur production très coûteuses et difficiles à mettre en œuvre. Cependant, ce n'est qu'en 1976 que les scientifiques ont pu apporter un faisceau convergent de résultats permettant d'étayer leurs hypothèses.

En effet, la mise en évidence de la variation de la couche d'ozone est un problème délicat, car sa concentration dans la stratosphère est soumise à de nombreuses variations naturelles, qui peuvent entraîner individuellement des différences de quelques fractions à quelques dizaines de pour-cent. La perturbation anthropique éventuelle se superposant à la variabilité naturelle, il devient très difficile d'évaluer son impact qui ne peut être que de quelques pour-cent dans un bruit de fond très largement supérieur.

On ne dispose que de deux moyens d'étude : les mesures expérimentales et la modélisation. Dans ce cas particulier, l'étude en laboratoire n'est pas encore possible en raison des difficultés que l'on rencontre à reproduire les conditions expérimentales de la stratosphère (température très basse, pression très faible et présence éventuelle de nuages de cristaux de glace).

Les mesures expérimentales de la couche d'ozone sont effectuées soit depuis le sol, soit à partir de satellites, soit à l'aide de ballons-sondes et d'avions. Malheureusement, les instruments utilisés présentent des problèmes d'étalonnage et de dérive tels que les conclusions sur les variations à long terme sont délicates à tirer. De plus, les variations du cycle solaire et des grands événements comme les éruptions volcaniques, qui injectent des produits dans la stratosphère, perturbent également les équilibres.

On a donc longtemps été incapable de répondre à la question de savoir si la couche d'ozone était modi-

hémisphère Nord

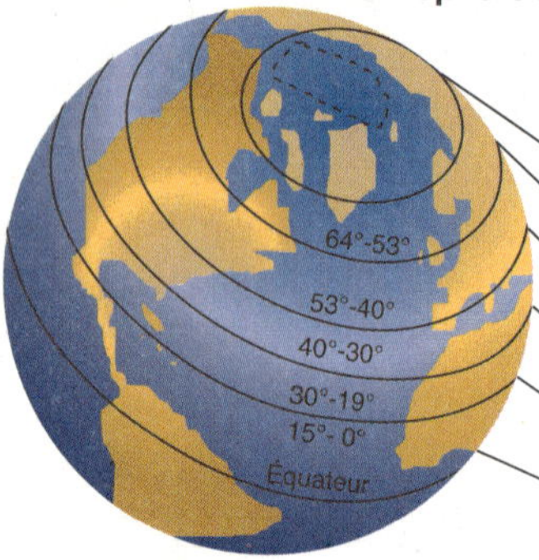

variation du contenu intégré d'ozone (en %)

moyenne	hiver	été
– 2,3	– 6,2	+ 0,4
– 3,0	– 4,7	– 2,1
– 1,7	– 2,3	– 1,9
– 3,1		
– 1,6		

hémisphère Sud

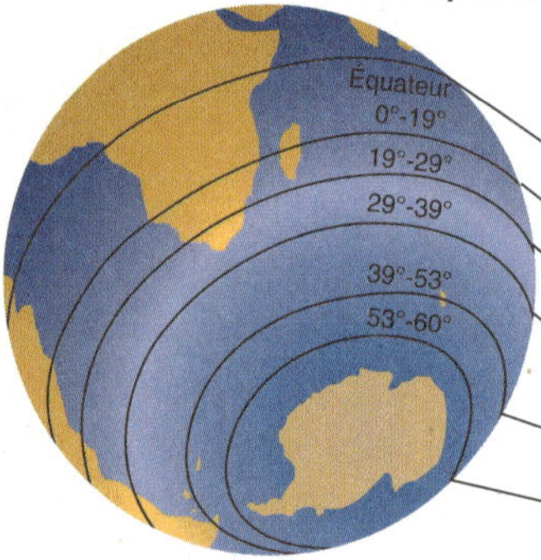

variation du contenu intégré d'ozone (en %)

– 2,1
– 2,6
– 2,7
– 4,9
– 10,6

Ozone et latitude.
Variation du contenu intégré d'ozone en pourcentage entre 1978 et 1987 pour différentes latitudes. Cette analyse est fondée sur des observations satellitaires réétalonnées à partir du réseau de stations Dobson de l'hémisphère Nord.
Source : G. Mégie, *Stratosphère et couche d'ozone*, Masson, 1992.

fiée par les injections anthropiques de chlorofluorocarbures et d'oxydes d'azote. Certaines affirmations hâtives et insuffisamment étayées n'avaient pas levé le scepticisme de la majeure partie de la communauté scientifique. Ce n'est qu'en 1986 qu'on parvint à tirer une conclusion en s'appuyant sur l'ensemble des mesures les plus fiables obtenues soit par les instruments au sol, soit par le satellite Nimbus 7. Si l'on se réfère au schéma de la page 62, on remarque une diminution de la couche d'ozone de quelques pourcent, plus forte en hiver qu'en été, et croissant avec la latitude. Cette tendance, quoique faible, semble confirmer l'hypothèse de l'intervention des atomes de chlore provenant de la décomposition des chlorofluorocarbures dans la stratosphère.

L'établissement d'un modèle théorique, deuxième moyen d'étude, prend en compte les variations spatiales et temporelles de tous les mécanismes chimiques et physiques. Les observations expérimentales servent à valider ce modèle dont le but est de représenter correctement le passé et le présent. Ainsi, on peut également espérer en déduire l'évolution future de la composition de la stratosphère, en fonction des différents scenarii d'émission des polluants incriminés.

Le modèle est le seul moyen d'extrapolation vers l'avenir, à condition de prendre en compte tous les phénomènes qui jouent un rôle et de bien les quantifier. Est-on certain de tous les connaître et de les mettre correctement en équation ? A l'heure actuelle, par exemple, toutes les réactions chimiques ne sont pas bien connues : certaines vitesses de réaction ont été réévaluées d'un facteur 10 ou 100 ! Cependant, ce n'est que par une confrontation rigoureuse des travaux des expérimentateurs et des modélisateurs que l'on approchera de la vérité scientifique.

Différents modèles ont été établis, de plus en plus complets et de plus en plus complexes. Toutefois, ceux qui intègrent l'ensemble des données du problème n'en sont encore qu'au stade de la mise au point. Aucun modèle actuel ne tient compte de la chimie hétérogène de la stratosphère, si bien qu'il est encore impossible de faire des prévisions fiables sur plusieurs dizaines d'années, ce qui est considéré comme étant la bonne échelle de temps pour ce genre de phénomène. En conséquence, il ne faut pas s'étonner si les prévisions de réduction maximale de la couche d'ozone au cours du prochain siècle, prévisions données par différents modèles, ont varié de 8 à 19 %, pour descendre à environ 5 %, dans l'hypothèse d'une production maintenue constante de chlorofluorocarbures.

Si la diminution moyenne de la couche d'ozone stratosphérique est relativement faible, en revanche un phénomène d'une grande ampleur a été constaté au-dessus du continent antarctique depuis 1985 : le trou d'ozone.

Le trou d'ozone dans la stratosphère antarctique

Depuis 1979, dans l'hémisphère Sud, au début du printemps (septembre-octobre), on a observé des diminutions de la couche d'ozone pouvant atteindre 40 et même 50 % par rapport aux moyennes relevées entre 1957 et 1978, c'est-à-dire beaucoup plus que ce que tous les modèles précédents avaient pu prévoir. On a alors parlé de «trou d'ozone». L'effet est considérable, puisque cette très forte diminution concerne un immense continent.

Pour l'expliquer, plusieurs hypothèses ont été avancées et défendues avec opiniâtreté par ceux qui les avaient énoncées. La bataille scientifique a été rude pendant des années. Une hypothèse semble aujourd'hui remporter tous les suffrages, hypothèse qui tient compte de l'action simultanée de plusieurs phénomènes.

Pendant l'hiver, il se forme sur l'ensemble du continent antarctique un tourbillon (vortex), avec des vents de 300 km/h, qui effectue un tour complet du continent en quelques jours. Ce vortex isole l'atmosphère antarctique du reste de l'hémisphère Sud, et empêche en particulier les transports atmosphériques Nord-Sud. L'ensemble des conditions physiques tout à fait particulières à l'Antarctique favorise la formation du trou d'ozone. A l'abri du soleil, en juillet-août, un froid intense et sec règne sur le continent (– 85 °C en moyenne à seize kilomètres d'altitude au-dessus du pôle Sud). Les dernières molécules gazeuses de vapeur d'eau se condensent et forment à haute altitude des nuages stratosphériques polaires. Dans ces cristaux de glace, des composés azotés et chlorés se condensent, acide nitrique (HNO_3) et acide chlorhydrique (HCl) en particulier, ainsi que l'oxyde de chlore (Cl_2O_2) formé par deux molécules d'oxyde de chlore (ClO).

Pendant l'hiver, les couples NO/NO_2 et Cl/ClO, très actifs dans la destruction de l'ozone, sont ainsi stockés au-dessus du pôle Sud. Lorsque fin septembre le soleil commence à apparaître, très bas sur l'horizon, peu de rayonnement ultraviolet pénètre dans la stratosphère. Si la photolyse de l'acide nitrique (HNO_3), susceptible de régénérer les oxydes d'azote, est inexistante, celle de l'oxyde de chlore (Cl_2O_2) et du chlore (Cl_2), qui demande moins d'énergie, peut se faire avec le rayonnement visible, et produit des atomes de chlore. Comme il n'y a pas de dioxyde d'azote (NO_2) pour neutraliser une partie des atomes de chlore (Cl), le couple Cl/ClO est très actif et détruit l'ozone.

Les mesures faites sur l'ozone stratosphérique montrent bien que la diminution est localisée entre douze et vingt kilomètres d'altitude, et apparaît lorsque la stratosphère commence à être éclairée par le Soleil (septembre-octobre), moment où se produit l'action conjuguée du rayonnement solaire et des fortes concentrations d'oxyde de chlore (ClO) accumulé sous forme de Cl_2O_2 pendant l'hiver.

La présence de chlore, conséquence de l'utilisation massive des chlorofluorocarbures depuis plusieurs décennies, serait donc bien responsable du trou d'ozone.

Cette hypothèse a été en partie vérifiée par des analyses réalisées par avion, mettant en évidence, à l'intérieur du vortex, des concentrations d'oxyde de chlore cinq cents fois plus importantes que celles observées à la même altitude à des latitudes moyennes. Jusqu'au début des années 90, cette chimie hétérogène était inconnue des chimistes de l'air, qui ne savent pas encore la reproduire en laboratoire.

Le mal et les remèdes

Si le filtre constitué par la couche d'ozone stratosphérique devient moins efficace, alors davantage de rayonnement solaire atteint le sol, des ultraviolets B essentiellement (les plus énergétiques). Cela peut entraîner des suites très diverses, telles que l'augmentation des brûlures et des cancers de la peau chez l'homme, une action sur les molécules biologiques (ADN en particulier), des changements de climat, des modifications des écosystèmes marins et terrestres dues à la photolyse directe ou au changement de l'activité photosynthétique (destruction ou affaiblissement de certaines espèces, alors que d'autres, au contraire, seront favorisées). Les conséquences sont graves et difficiles à prévoir. Très peu d'études ont été réalisées sur ce sujet. On ne sait pas chiffrer l'effet produit par une diminution de 5 % de la couche d'ozone. En outre, les chlorofluorocarbures étant des gaz à effet de serre (*cf.* p. 72), leur accroissement dans la troposphère provoque aussi une augmentation de cet effet.

Cependant, l'observation du trou d'ozone a été bénéfique. En effet, elle a montré aux scientifiques les limites de leur savoir et a permis de lancer des recherches qui ont abouti à une assez bonne connaissance des problèmes. Pour la première fois, on a constaté qu'un déséquilibre du milieu naturel global pouvait se produire par suite d'activités anthropiques très éloignées du continent antarctique, et ce plusieurs années après les premières émissions de chlorofluorocarbures. Cet effet subsistera pendant plusieurs décennies et l'équilibre original ne sera retrouvé que longtemps après l'arrêt total de leurs émissions.

Ces études ont permis également de prendre conscience de l'urgence et de la nécessité à intervenir au niveau international. Cela n'a pas été facile et, depuis les premiers cris d'alarme en 1970, de nombreux débats scientifiques et politiques sur le sujet ont eu lieu. Les enjeux industriels et commerciaux sont immenses et provoquent de très vives polémiques. Cependant, un consensus a pu s'établir. Dès 1974, les industriels ont recherché des produits de remplacement pour les chlorofluorocarbures. En 1976, les premières propositions volontaires de réduction de l'utilisation des chlorofluorocarbures sont faites et deviennent des arguments de vente des substituts (« Protège la couche d'ozone ! »). La révélation du trou d'ozone, en 1985, aboutit à une médiatisation du problème. A la suite du processus amorcé en 1974, et après de nombreuses concertations et négociations, le protocole de Montréal est signé en 1987 par les principaux pays producteurs et utilisateurs de chlorofluorocarbures, à l'exception des pays de l'Est, de l'Inde et de la Chine. Ce protocole recommande, pour l'an 2000, une diminution de 50 % de la consommation des chlorofluorocarbures par rapport à celle atteinte en 1986.

Depuis 1988, les nouvelles connaissances scientifiques acquises sur la responsabilité des composés chlorés dans la diminution de la couche d'ozone ont permis d'établir un renforcement des mesures réglementaires qui s'est concrétisé lors de la conférence de Londres en 1990. Celle-ci préconise la suppression totale des chlorofluorocarbures et leur remplacement par des produits de substitution moins nocifs pour la couche d'ozone avant la fin du siècle. Mais, pour l'instant, il importe d'examiner de près les implications de ces stratégies de contrôle, et d'essayer de prévoir quelle sera la concentration en chlore de la stratosphère au cours du siècle prochain, en considérant les quantités émises de chaque chlorofluorocarbure, et leurs propriétés.

Il faut souligner que les premières décisions politiques ont été prises avant même que les scientifiques ne puissent présenter des débuts de preuves à leurs hypothèses, et que le protocole de Montréal est le premier accord international sur l'environnement global de notre planète qui, de plus, tient compte d'une échelle de temps – le siècle –, fait très rare dans les accords internationaux.

L'augmentation de l'effet de serre

L'effet de serre est un phénomène naturel qui a toujours existé. Le problème posé est en réalité celui de son accroissement éventuel à la suite d'émissions anthropiques de polluants atmosphériques.

L'effet de serre

L'effet de serre est absolument nécessaire pour que la vie existe sur Terre. Le Soleil envoie sur la Terre une énergie lumineuse importante qui, pour 70 %, est absorbée puis transformée en chaleur dans l'atmosphère, notamment à la surface des océans et des terres émergées. Les 30 % restant correspondent à l'énergie réfléchie par la Terre et par l'atmosphère, surtout par les nuages.

Pour assurer un équilibre thermique, la surface terrestre doit renvoyer de l'énergie, essentiellement sous forme de radiations lumineuses de longueurs d'onde assez élevées (rayonnement infrarouge du spectre*). Or, certains constituants de la basse troposphère sont des molécules susceptibles d'absorber la majeure partie de ce rayonnement infrarouge réémis par la surface de la Terre et les basses couches de l'atmosphère. Cette énergie captée par les gaz est transformée en chaleur. Ainsi se forme une sorte de couverture protectrice qui récupère une partie de l'énergie renvoyée par la Terre et empêche celle-ci de trop se refroidir. La Terre et les basses couches de l'atmosphère sont donc considérablement réchauffées. Ce processus naturel est repris par les jardiniers ; ceux-ci recouvrent leurs cultures de verre ou de films de plastique qui, transparents aux radiations solaires et opaques aux radiations provenant de l'intérieur de la serre, permettent de conserver une partie de l'énergie renvoyée par la Terre.

L'effet de serre naturel est important : sans lui, la température moyenne au niveau du sol serait de – 18 °C ; avec lui, elle est de + 15 °C, température qui permet la vie sur Terre. L'augmentation de la température moyenne est donc de + 33 °C.

Si l'effet de serre est limité à un réchauffement de 33 °C, c'est que, en dehors des effets radiatifs déjà décrits, d'autres phénomènes physiques font perdre à la Terre une partie de la chaleur reçue : par exemple, l'évaporation de l'eau des océans, facilitée par les vents, refroidit leur surface.

Les grands constituants de l'air – l'oxygène et l'azote – ne peuvent pas capter le rayonnement infrarouge émis par la Terre. Cette fonction est assurée par des gaz, anthropiques ou naturels, comme la vapeur d'eau, le gaz carbonique, le méthane, le protoxyde d'azote, l'ozone, et les chlorofluorocarbures. Les nuages ont également la propriété de capter le rayonnement infrarouge. Tous n'ont pas des rôles équivalents.

Bien évidemment, l'effet de serre participe à l'établissement du climat de la Terre, même si celui-ci, considéré globalement ou régionalement, dépend aussi d'autres facteurs. Les climats des périodes antérieures ont pu être reconstitués par les scientifiques avec beaucoup de précision, grâce à des méthodes d'analyse qui permettent de remonter jusqu'à des millions d'années. Il apparaît que la Terre a connu des périodes très froides (périodes glaciaires) alternant avec des périodes interglaciaires plus chaudes. Ces grands changements climatiques sont dus essentiellement aux variations des paramètres orbitaux de la Terre dans son mouvement par rapport au Soleil.

Variabilité des gaz à effet de serre

Dans l'Antarctique, sur la station Vostok, les Russes ont effectué un carottage de plus de deux mille mètres de profondeur dans la calotte glaciaire, permettant de prélever des échantillons de glace formée par de la neige tombée il y a cent soixante mille ans. En se transformant en glace compacte, la neige a emprisonné des petites bulles de l'air représentatif de l'époque de sa chute dont l'analyse, très délicate, est néanmoins possible. Une corrélation étroite entre les variations de la température et les concentrations de gaz carbonique (CO_2) et de méthane (CH_4) a ainsi été établie (*cf.* schéma p. 74). On observe par exemple une concentration de 200 ppmv de gaz carbonique pendant les minima glaciaires, qui

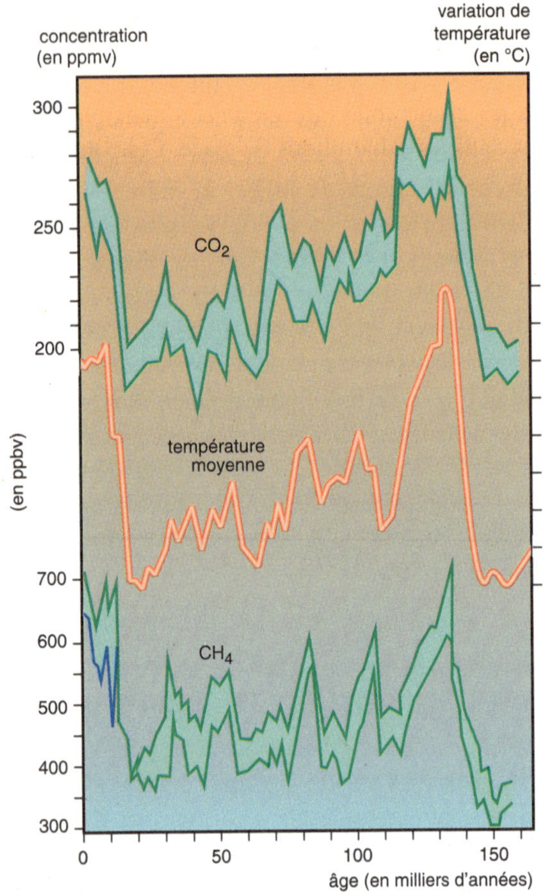

Vostok : climat et gaz à effet de serre. *Au cours des derniers cent cinquante mille ans, les variations de la température (courbe du milieu) sont bien corrélées avec les teneurs en gaz carbonique (courbe du haut) et en méthane (courbe du bas) mesurées dans les bulles d'air ; les zones vert clair représentant les incertitudes. Pendant les interglaciaires chauds, les teneurs en gaz carbonique et en méthane sont plus élevées.*
Source : Claude Lorius, 1991.

s'élève à 280 ppmv pendant les périodes « chaudes ». Même les oscillations intermédiaires sont bien représentées dans les échantillons de glace. On constate que les concentrations de méthane suivent encore plus fidèlement les variations de la température.

Pourtant, l'état actuel de nos connaissances ne nous permet pas de déduire que les augmentations de gaz carbonique et de méthane ont entraîné une élévation de la température. Ce peut même être l'inverse ! Les importantes fluctuations des concentrations de ces deux gaz ne sont pas encore expliquées. Elles sont liées à celles du monde vivant, elles-mêmes liées à celles du climat, mais dans des mécanismes interactifs trop complexes pour être suffisamment connus. Nous y reviendrons quand nous parlerons de la modélisation de l'effet de serre.

Effet des variations de concentration des gaz à effet de serre

Actuellement, les concentrations des gaz à effet de serre dans l'atmosphère sont plus élevées que jamais ; elles augmentent de façon continue, dans des proportions et à une vitesse encore jamais observées. C'est ce qui apparaît nettement dans le schéma de la page 78. L'augmentation annuelle est de 0,5 % pour le gaz carbonique (CO_2), 0,9 % pour le méthane (CH_4), 0,25 % pour le protoxyde d'azote (N_2O), 4 % pour les chlorofluorocarbures CFC 11 et CFC 12.

Les contributions à l'effet de serre de ces différents gaz dépendent des propriétés optiques de chacun d'eux. Certains en effet absorbent plus fortement le rayonnement infrarouge que d'autres : pour une masse donnée, le méthane est cinquante-huit fois plus absorbant que le gaz carbonique, le CFC 11 l'est quatre mille fois plus, et le CFC 12 cinq mille sept cent cinquante fois. Si bien que la part prise par chacun d'eux ne dépend pas seulement de leur concentration, mais aussi de leur capacité à absorber le rayonnement infrarouge : en 1990, l'eau mise à part, les contributions relatives à l'effet de serre sont les suivantes, par ordre d'importance : gaz carbonique (55 %), méthane (15 %), protoxyde d'azote (4 %), chlorofluorocarbures (21 %), ozone troposphérique (2 %), autres (3 %).

Il est donc tout à fait légitime de se poser des questions sur notre avenir. Si les concentrations de ces gaz continuent à croître, que va-t-il se passer ?

Au rythme actuel, la concentration de gaz carbonique à la fin du siècle prochain pourrait être de l'ordre de 820 ppm (parties par million), soit trois fois ce qu'elle était avant l'ère industrielle. Il est toutefois possible de freiner sa progression par le contrôle de ses émissions, par exemple en ralentissant le rythme de la croissance, en utilisant d'autres sources d'énergie que les combustibles fossiles et en diminuant la déforestation. On peut également espérer surveiller les émissions d'autres gaz comme les chlorofluorocarbures. Mais la production de méthane due aux fermentations dans les rizières et les marécages sera plus difficile à maîtriser car elle augmente avec la température, donc avec l'effet de serre. De telles conséquences sont malaisées à évaluer, les lois d'émission du méthane étant insuffisamment connues.

Il subsiste donc des incertitudes sur la vitesse de l'évolution future de ces gaz. En général, on retient comme hypothèse vraisemblable celle d'une variation de l'effet de serre équivalente à un doublement du gaz carbonique qui se produirait entre 2020 et 2050, période relativement proche.

Le climat a-t-il évolué depuis un siècle ?

Les gaz à effet de serre ayant déjà nettement augmenté depuis un siècle, on a essayé de mesurer expérimentalement une modification éventuelle du climat, par l'étude des variations de la température, ou du niveau des mers.

Depuis 1850 environ, il existe des mesures précises de la température, quoique très inégalement réparties. Pour observer les tendances à long terme, on considère la température moyenne annuelle et on obtient la courbe de variation très irrégulière qui apparaît sur le schéma de la page 79. Pour dégager la tendance à long terme, on calcule la variation des températures par rapport à la moyenne des années 1951-1980 : on s'aperçoit alors que la Terre s'est réchauffée d'environ 0,5 °C (en réalité 0,3 à 0,6 °C) depuis cent ans, de façon non régulière. D'après les conclusions tirées d'une moyenne globale, ce réchauffement s'est surtout effectué entre 1910 et 1940, puis à partir de 1975. Mais les variations climatiques régionales diffèrent fréquemment de la moyenne globale, et, bien évidemment, ce sont celles qui ont le plus de répercussions sur la vie quotidienne des hommes.

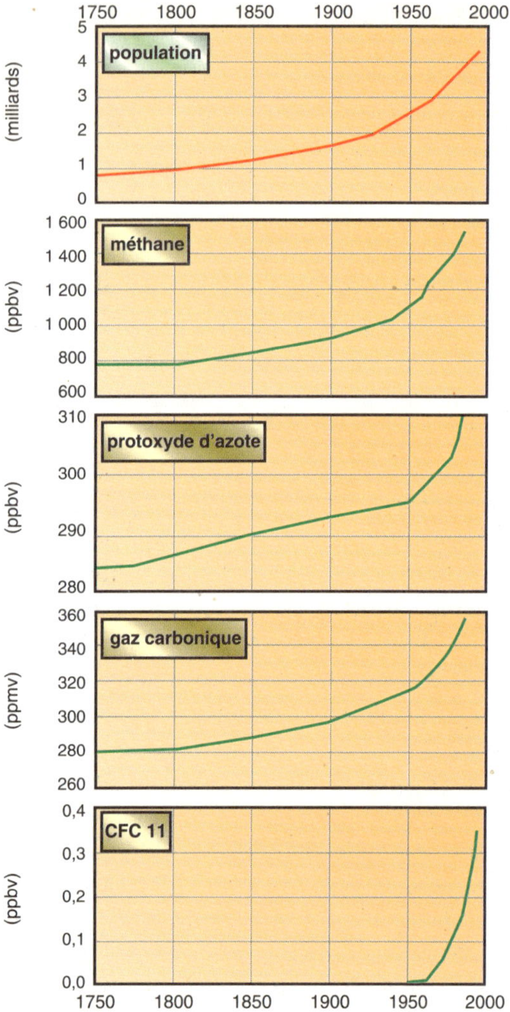
1750
1800
1850
1900
1950
2000
population
(milliards)
5
4
3
2
1
0
méthane
(ppbv)
1 600
1 400
1 200
1 000
800
600
protoxyde d'azote
(ppbv)
310
300
290
280
gaz carbonique
(ppmv)
360
340
320
300
280
260
CFC 11
(ppbv)
0,4
0,3
0,2
0,1
0,0

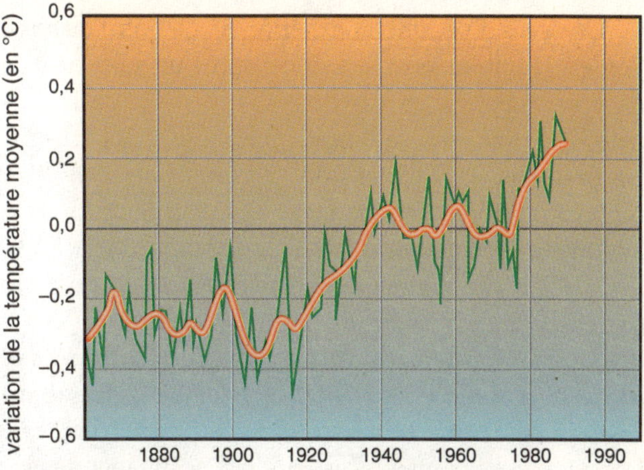

Variation de la température globale moyenne.
Ce schéma illustre la variation de la température au-dessus des continents et des océans, exprimée par rapport à la moyenne des années 1951-1980. Depuis la fin du XIXe siècle, et plus particulièrement depuis le début du XXe siècle, on note un réchauffement moyen de l'ordre de 0,5 °C.
Source : réf. IPCC, 1990.

Gaz à effet de serre et population.
(à gauche)
L'analyse des bulles d'air contenues dans la glace de l'Antarctique a permis de montrer l'évolution des concentrations dans l'atmosphère du protoxyde d'azote, du méthane et du gaz carbonique au cours des deux derniers siècles. Pour la période la plus récente, elle est complétée par des mesures faites directement dans l'atmosphère. Ces données permettent d'illustrer le parallélisme qui existe entre l'augmentation des gaz à effet de serre dans l'atmosphère et celle de la population mondiale.
Source : Claude Lorius, 1991.

Un second paramètre expérimental à notre disposition est le niveau des mers. Il constitue un sujet majeur de préoccupation en cas de réchauffement de la planète. Il monte avec la température pour deux raisons. La première est l'expansion thermique de l'eau des océans, puisque l'eau se dilate – la densité diminue – lorsque la température croît. La seconde est la fonte des glaciers de montagne ; ces derniers n'ont cessé de régresser depuis la fin du petit âge glaciaire (XVIIe-XIXe siècle), bien qu'on ait remarqué une phase modeste d'avancée vers 1960, qui semble aujourd'hui ralentie ou même terminée dans la plupart des cas. Les observations effectuées par les glaciologues suggèrent que cette fonte aurait eu sur le niveau des mers un effet équivalent à celui de l'expansion thermique des océans au cours du XXe siècle.

Le cas des glaciers peut se comparer à celui des calottes glaciaires du Groenland et de l'Antarctique où le bilan de masse au cours du dernier siècle est très mal connu. En effet, si une élévation de température fait fondre une partie de la glace, en revanche l'augmentation concomitante des précipitations neigeuses pourrait entraîner une compensation partielle (cas du Groenland) ou totale (Antarctique).

L'analyse des mesures effectuées uniquement dans les zones où les continents semblent stables révèle que le niveau moyen des océans a monté depuis cent ans de un à deux millimètres par an, soit au total de dix à vingt centimètres.

On a également tenté de prendre en compte d'autres indicateurs du changement climatique comme, par exemple, les variations du régime des précipitations sur les continents (sécheresse du Sahel, inondations plus fréquentes...). Toutefois, on n'a pu dégager de tendance significative à long terme.

La surveillance accrue de la planète, rendue possible en particulier par des moyens satellitaires, permettra une étude plus approfondie de la variabilité du climat. Néanmoins, il ne faut pas oublier que seuls les résultats fondés sur des études très longues sont significatifs, car des variations naturelles à l'échelle de plusieurs années, par exemple celles dues à une éruption volcanique majeure, peuvent se superposer à celles que l'on attend de l'effet étudié.

En conclusion, les changements observés sont encore faibles. Les méthodes expérimentales seules n'apporteront pas de réponse avant au moins dix ans et il est donc très délicat d'extrapoler les résultats actuels à l'horizon 2050 ou 2100. Le seul recours possible est une modélisation.

Difficultés de la modélisation de l'évolution climatique

Les premiers modèles servant à l'étude des modifications climatiques dues à l'effet de serre ont été des modèles unidimensionnels verticaux (c'est-à-dire ceux qui ne tenaient compte que d'une seule des trois dimensions de l'espace; ici, l'altitude au-dessus du niveau de la mer). S'ils présentaient l'avantage d'utiliser des moyens de calcul modestes, ils n'étaient pas applicables à une représentation réaliste des variations climatiques. Il a donc fallu se servir des modèles tridimensionnels, c'est-à-dire des modèles qui considèrent les trois dimensions (altitude, latitude et longitude) et qui s'appuient sur des mesures dont les mailles sont relativement faibles (quelques degrés de longitude et de latitude). La maille est la surface terrestre qui sert d'unité de surface dans le modèle. A l'intérieur d'une maille, tous les paramètres du calcul sont supposés constants. Plus ses dimensions sont réduites, plus le calcul est précis, mais plus les mailles sont nombreuses et plus le temps de calcul est long. Les modèles comptent plusieurs dizaines de niveaux verticaux et fonctionnent sur un laps de temps élémentaire, de l'ordre de une heure ou moins.

Ils doivent prendre en compte les divers mécanismes chimiques, physiques et biologiques qui gouvernent l'environnement global. Les phénomènes météorologiques sont intégrés dans un modèle dit de circulation générale atmosphérique. L'océan y joue un rôle très important, car sa capacité calorifique est considérable. La circulation océanique verticale et horizontale permet de transporter des quantités de chaleur énormes, mais sur de très grandes échelles de temps (plusieurs années, et même plusieurs siècles pour la circulation océanique très profonde), totalement différentes de celles des phénomènes atmosphériques beaucoup plus rapides.

Les modèles complets doivent prendre en considération le couplage océan-atmosphère pour rendre compte de l'intégralité des échanges entre ces deux systèmes, c'est-à-dire non seulement des échanges de chaleur mais aussi des transferts de matière. Ainsi, le gaz carbonique peut disparaître de l'atmosphère parce qu'il se dissout dans l'eau de mer (la dissolution est peu rapide) ; il s'y transforme en carbonates qui sédimentent au fond des océans ou sont transportés à des distances considérables (ce phénomène est beaucoup plus lent), si bien qu'on n'est jamais dans un état d'équilibre. De plus, il faut tenir compte de la biosphère, qui joue aussi un rôle très important dans le cycle du gaz carbonique.

Un modèle doit prendre en considération les contre-réactions induites par l'effet de serre ; celles-ci peuvent soit amplifier le phénomène (contre-réaction positive), soit le diminuer (contre-réaction négative). Exemple : si le gaz carbonique augmente, la température croît, l'évaporation des océans et la teneur en vapeur d'eau de l'atmosphère également ; l'effet de serre est alors plus important (contre-action positive). D'autre part les nuages, lorsqu'ils sont en grand nombre, réfléchissent davantage de lumière solaire à basse altitude (contre-réaction négative) ou absorbent plus de rayonnement infrarouge à haute altitude (contre-réaction positive). Les océans voient leur productivité biologique augmenter, ils émettent donc davantage de produits organo-soufrés précurseurs d'acides susceptibles de constituer des noyaux de condensation (c'est-à-dire de très petites particules sur lesquelles la vapeur d'eau se condense en eau liquide) des gouttelettes d'eau, d'où plus de nébulosité (contre-réaction négative ou positive). Malheureusement, cette chimie hétérogène est encore mal connue. On ne sait pas modéliser la répartition granulométrique (les particules n'ont pas toutes les mêmes dimensions et il faut tenir compte de leurs différentes classes de taille) ni l'abondance des noyaux de condensation, ni même la taille des gouttelettes d'eau, dont dépendent pourtant leurs propriétés optiques. On conçoit donc que la modélisation est difficile, sinon impossible, dans tous les cas où les phénomènes à mettre en équation ne sont connus que de manière uniquement qualitative ou, pire, hypothétique.

Lorsque le gaz carbonique et la température augmentent, les surfaces enneigées diminuent ; par conséquent, la Terre absorbe une plus grande part du rayonnement solaire, augmentant ainsi le réchauffement général. On a une contre-réaction positive, mais très mal connue, donc difficile à intégrer quantitativement dans un modèle. Cette contre-réaction sera plus importante aux latitudes élevées. Dans un modèle, c'est un phénomène dont il faut nécessairement tenir compte à une échelle locale et suffisamment fine.

Certes, les modèles en cours de développement sont constamment réactualisés en fonction des connaissances nouvellement acquises pour les rendre plus proches de la réalité. Mais aucun modèle actuel n'a pu prendre en considération de façon satisfaisante le rôle de l'océan profond, de la biosphère et de la chimie hétérogène. Ces modèles sont pourtant très complexes et nécessitent des moyens de calcul énormes (un millier d'heures de calcul sur les ordinateurs les plus puissants). Les modèles « idéaux » seront encore plus exigeants.

Prévisions pour le siècle prochain

Pour estimer l'évolution de l'effet de serre au cours du XXIe siècle, on a utilisé les quelques modèles prototypes, dans leur état actuel de développement. Ainsi les sous-modèles atmosphériques sont ceux employés pour les prévisions météorologiques opérationnelles, dont on perçoit quotidiennement les limites. Néanmoins, malgré leurs imperfections, ce sont les seuls outils disponibles.

Ces modèles sont confrontés à deux difficultés. La première est d'évaluer l'augmentation de la concentration dans l'atmosphère de tous les gaz à effet de serre au cours des prochaines décennies, et d'en déduire, en fonction de leurs propriétés optiques, leur capacité d'absorption du rayonnement infrarouge. Certes cette évaluation est difficile, mais c'est une donnée indispensable pour la modélisation. La difficulté est souvent contournée par l'étude qui consiste à simuler le climat qui serait celui de la Terre si le niveau du gaz carbonique était en permanence deux fois supérieur à sa valeur préindustrielle (étude du « doublement du gaz carbonique »). Le second problème consiste à déterminer le degré d'imprécision lié à l'utilisation de modèles imparfaits.

Dans le cas du doublement du gaz carbonique, tous les modèles utilisés prédisent un réchauffement de la surface terrestre, d'ampleur variable, de 1,9 à 5,2 °C, selon l'importance du rôle accordé aux nuages. (Rappelons que l'écart de température qui sépare les périodes glaciaires et interglaciaires est de 6 à 7 °C.)

Ce réchauffement, très inégalement réparti, est plus intense sur les continents que sur les océans, dans l'hémisphère Nord que dans l'hémisphère Sud. L'hiver, dans les hautes altitudes, le réchauffement moyen pourrait atteindre 8 à 12 °C. Toutefois, les changements associés à un doublement du gaz carbonique se produiront plusieurs décennies après que ce niveau de concentration aura été atteint. Alors, les précipitations augmenteraient en moyenne globale, mais, à l'échelle locale, certaines régions deviendraient plus sèches, et d'autres plus humides qu'aujourd'hui. L'ensoleillement d'une région pourrait également augmenter ou diminuer. L'état des sols, le bilan hydrique et, par conséquent, la pousse de la végétation et les rendements agricoles en seraient profondément modifiés.

Chacun de nous s'intéresse plutôt aux évolutions régionales, que les modèles actuels ne peuvent pas prédire, la taille des mailles de calcul étant encore trop grande ; il faudrait pouvoir la réduire à cinquante kilomètres de côté, ce que la capacité actuelle des ordinateurs ne permet pas. C'est pourquoi les incertitudes régionales subsistent.

Pourtant, dans certains cas, on a pris le risque de procéder à l'estimation de l'évolution future des gaz à effet de serre, et d'élaborer différents scenarii. Selon une hypothèse médiane, l'élévation du niveau moyen des mers serait de l'ordre de 20 cm en 2030 et 70 cm en 2100, ce qui est considérable : de nombreuses zones côtières pourraient être inondées.

Contrairement à ce qui a été observé lors des cycles glaciaires-interglaciaires, le phénomène d'évolution serait rapide. L'adaptation des êtres vivants n'en serait que plus difficile.

D'après les études actuelles, il semble que les changements climatiques à venir sont inéluctables, mais leur intensité et leur vitesse d'évolution restent à préciser, surtout à l'échelle régionale.

Les scientifiques engagés dans la modélisation du climat explorent encore les mécanismes de la plupart des phénomènes fondamentaux mis en jeu. Les recherches en cours devraient faire progresser nos capacités de prévision. Cependant, des décisions politiques doivent être prises. Elles peuvent avoir des conséquences économiques considérables : comment en effet réduire les émissions de gaz carbonique sans freiner les besoins énergétiques ? Pour les autres gaz à effet de serre la solution n'est pas plus facile à trouver : face aux multiples interrogations, une réponse raisonnable serait de restreindre l'usage des chlorofluorocarbures afin de diminuer les répercussions sur l'ozone stratosphérique et de réduire les émissions d'ozone troposphérique – ce dernier est en effet un des grands problèmes actuels en matière de pollution atmosphérique.

L'augmentation de l'ozone troposphérique

Depuis quelques années, les scientifiques constatent que le niveau moyen de l'ozone dans la troposphère augmente de façon continue, mais non uniforme, sur l'ensemble du globe. Quelles en sont les causes ? Cette augmentation peut-elle avoir des conséquences sur la santé et la végétation ? Peut-elle compenser la diminution de l'ozone stratosphérique ?

La concentration d'ozone troposphérique depuis un siècle

Nous avons vu que l'ozone troposphérique est essentiellement formé par un ensemble de réactions photochimiques mettant en jeu deux types de composés chimiques : des composés carbonés – l'oxyde de carbone (CO), le méthane (CH_4), d'autres hydrocarbures – et des composés azotés, le couple d'oxydes d'azote NO/NO_2. Les émissions de ces précurseurs de l'ozone devenant de plus en plus importantes, il est logique de penser à l'éventualité d'une augmentation du niveau d'ozone dans la troposphère.

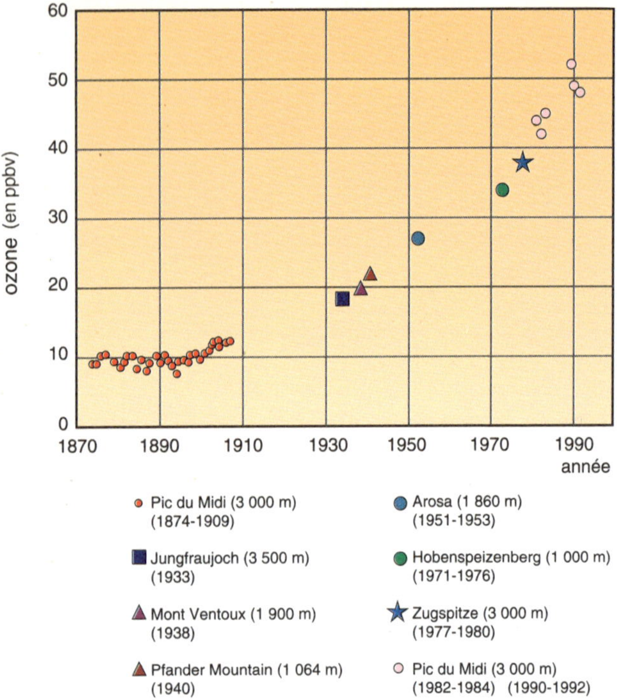

Concentration d'ozone dans l'atmosphère au-dessus de l'Europe. *Ces mesures de concentration d'ozone en atmosphère peu polluée et en altitude ont commencé il y a plus d'un siècle. On constate une augmentation continue de la concentration moyenne, de 10 ppbv (parties par milliard) en 1874 à 50 ppbv actuellement dans l'hémisphère Nord. Le taux d'augmentation est aujourd'hui de 2 % par an.* Source : A. Marenco et *al.*, *J. Geophysical Research*, 1994.

Découvert en 1840, l'ozone est un oxydant puissant. Des méthodes de dosage ont été développées très rapidement. Quelques scientifiques ont eu l'idée, et la persévérance, de le doser dans l'atmosphère entre

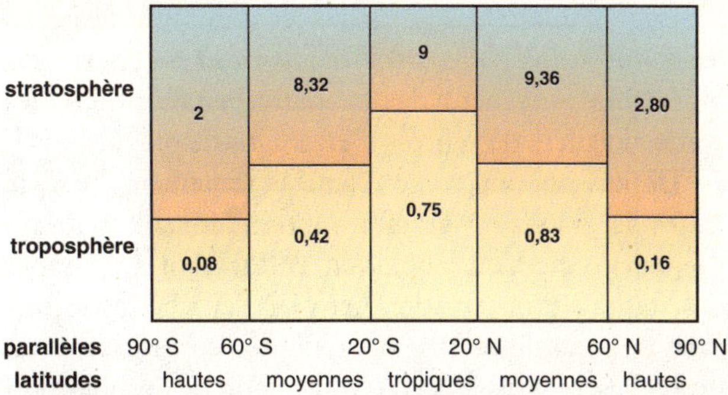

Réservoirs d'ozone stratosphérique et troposphérique. *D'après les mesures de concentration relevées, on a calculé les quantités totales d'ozone (exprimées en centaines de milliards de tonnes) présentes dans les différentes régions de la stratosphère et de la troposphère, délimitées par les 20e, 60e et 90e parallèles Nord et Sud. La surface des rectangles n'est pas proportionnelle au contenu en ozone. On constate de grandes variations selon la latitude et une disproportion entre la stratosphère (qui contient au total 93 % de l'ozone) et la troposphère (7 %).*

1875 et 1910, et des résultats exploitables nous sont parvenus de plusieurs endroits : de l'observatoire du parc Montsouris, à Paris, du pic du Midi, dans les Pyrénées, d'Italie et d'Amérique du Sud. Ces séries, quoique peu nombreuses, sont précieuses.

Depuis 1930, on dispose d'autres séries obtenues par des méthodes différentes, mais là encore seulement en quelques points particuliers du globe, sans distribution géographique logique. En effet, pour étudier l'évolution de la concentration moyenne de l'ozone troposphérique, il faut écarter toutes les mesures faites dans les zones industrielles ou urbanisées, et ne considérer que celles provenant des capteurs installés dans des zones éloignées de sources d'émissions de précurseurs.

Depuis une vingtaine d'années seulement, dans le cadre de grands programmes internationaux d'études de l'environnement global, on s'efforce de développer des stations d'observation dans les deux hémisphères, avec une distribution géographique représentative de toutes les régions éloignées des sources de pollution directe. Les résultats obtenus à l'issue de longues séries d'observations systématiques, pendant plusieurs cycles saisonniers, avec des situations météorologiques diversifiées, et en considérant aussi la distribution verticale de l'ozone, conduiront à une meilleure connaissance des mécanismes de formation et de disparition de l'ozone. Mais ces stations, trop récentes, ne permettent pas encore de tirer des conclusions sur le long terme.

Heureusement, on dispose pour cela de plusieurs séries de mesures réalisées, en atmosphère non polluée, à haute altitude (de mille à trois mille mètres), notamment au pic du Midi de 1874 à 1909, mais aussi, depuis 1930, de mesures plus récentes en montagne. A partir de 1874, on a ainsi observé les variations dans l'hémisphère Nord (*cf.* schéma p. 90). On remarque que le niveau moyen d'ozone a augmenté d'un facteur 5 depuis cent vingt ans, passant de 10 ppbv (parties par milliard) en 1874 à 50 en 1994, avec une accélération dans les deux dernières décennies où le taux d'augmentation est passé à 2 % par an. Dans l'hémisphère Sud, l'augmentation est moins importante.

En Uruguay et en Argentine, on trouve le même niveau, soit 10 ppbv en 1880, et 20 à 25 ppbv en 1994, ce qui traduit un doublement en un siècle. L'augmentation de l'ozone troposphérique se fait donc de façon dissymétrique, avec des taux plus élevés dans l'hémisphère Nord que dans l'hémisphère Sud.

L'ozone stratosphérique et l'ozone troposphérique

La source principale d'ozone à l'échelle globale est sa formation naturelle dans la stratosphère où l'on trouve 93 % du contenu global.

La troposphère contient le reste, soit, en tenant compte d'une distribution méridienne non constante, de 4 % aux hautes latitudes à 8 % dans les régions tropicales (*cf.* schéma p. 91).

On peut donc dès maintenant répondre à une des questions posées : l'accroissement de l'ozone troposphérique ne pourra pas compenser la diminution de l'ozone stratosphérique, les contenus des deux réservoirs étant trop disproportionnés. Une augmentation de 10 % du premier ne correspond qu'à moins de 1 % du second.

De plus, leur distribution spatiale ne coïncide pas nécessairement. Enfin, la courte durée de vie de l'ozone dans la troposphère, de l'ordre de quelques semaines, empêche tout transfert vers la couche d'ozone stratosphérique, à vingt-cinq kilomètres d'altitude, dans la mesure où ces échanges verticaux nécessitent de sept à dix ans.

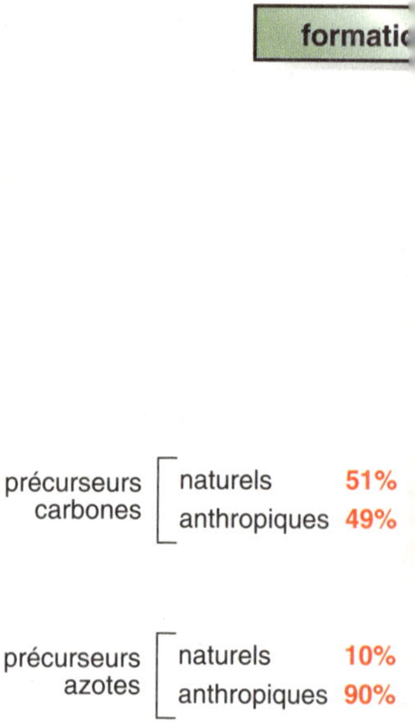

Bilan global de l'ozone troposphérique.
Sur ce schéma apparaissent les différentes sources de l'ozone troposphérique (arrivées stratosphériques, photochimie des précurseurs, composés organiques volatils, oxydes d'azote) et ses puits (photolyse directe, réactions photochimiques, dépôt au sol et sur la végétation) avec leurs contributions respectives. Si, pour les sources, on observe une action prépondérante de la photochimie, les puits en revanche ont une action à peu près équivalente.

Rôle clef des oxydes d'azote (NO_x)

Pour expliquer les variations de répartition de l'ozone selon les lieux considérés, il nous faut rappeler le rôle des oxydes d'azote (NO_x). En effet, ceux-ci peuvent, selon leur concentration, réduire ou augmenter le niveau de l'ozone. On distingue trois cas.

Le premier est celui correspondant à une très faible concentration d'oxydes d'azote, inférieure à quelques dizaines de pptv (millième de milliardième). La réaction avec l'ozone, conduisant à la formation du dioxyde d'azote, est alors très lente :

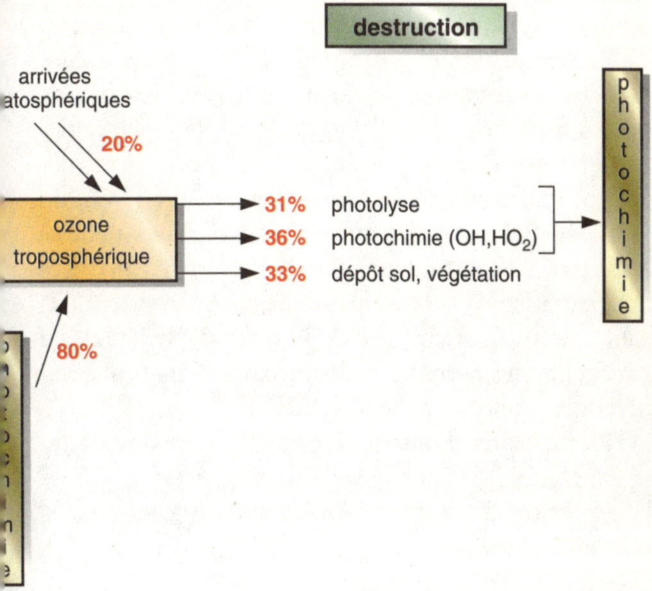

$$NO + O_3 \rightarrow NO_2 + O_2$$

Toutefois, le dioxyde d'azote (NO_2) et l'ozone (O_3) peuvent également réagir de la façon suivante :

$$NO_2 + O_3 \rightarrow NO + 2O_2$$

Ainsi se reforment le monoxyde d'azote (NO) et l'oxygène (O_2). Par conséquent, la concentration de NO_2 diminue, sa photolyse aussi, et il ne se forme plus beaucoup d'ozone. La photolyse de l'ozone (O_3), conduisant à la formation de radicaux hydroxyle OH, diminue. La photochimie décroît. C'est pourquoi on constate une diminution de l'ozone lorsqu'il n'y a pas assez d'oxydes d'azote (NO_x). C'est une situation de « puits d'ozone ».

Le deuxième cas correspond à une concentration moyenne d'oxydes d'azote (de quelques dizaines de pptv à quelques ppbv). Les réactions photochimiques entre les précurseurs peuvent se développer et l'oxydation en milieu naturel de l'oxyde de carbone (CO), du méthane (CH_4) et des autres hydrocarbures peut se faire par les mécanismes en chaîne (*cf.* p. 26). Les concentrations d'ozone et de radicaux hydroxyle (OH) sont élevées. Il se forme des produits d'oxydation, en particulier des radicaux hydroperoxyle HO_2 (qui régénèrent les radicaux hydroxyle OH).

Parmi les réactions susceptibles de faire disparaître le couple OH/HO_2, celle qui permet la formation de l'acide nitrique, à partir du dioxyde d'azote et des radicaux hydroxyle

$$NO_2 + OH \rightarrow HNO_3$$

est notable et, à mesure que la concentration des oxydes d'azote augmente, l'emporte de plus en plus sur celle de la production du peroxyde d'hydrogène qui met en jeu deux radicaux hydroperoxyle :

$$HO_2 + HO_2 \rightarrow H_2O_2 + O_2$$

Il se forme peu de peroxyde d'hydrogène, mais de plus en plus d'acide nitrique. Quant à la concentration du dioxyde d'azote (NO_2), elle reste très importante. On peut ainsi obtenir une photolyse intense de celui-ci par le rayonnement solaire, provoquant une très grande formation d'ozone. On parle alors de « source d'ozone ».

Enfin, le troisième cas correspond à une concentration des oxydes d'azote considérable, c'est-à-dire supérieure à quelques ppbv, selon les résultats expérimentaux. La réaction de formation de l'acide nitrique (HNO_3) devient tellement importante que cet acide passe de l'état gazeux à l'état d'aérosol ; les radicaux hydroxyle (OH) disparaissent aussi et les réactions de photo-oxydation ralentissent. Les oxydes d'azote agissent alors comme des inhibiteurs de la formation d'ozone.

La concentration des oxydes d'azote détermine donc la formation d'un puits ou d'une source d'ozone. C'est la conséquence logique de la compétition cinétique entre plusieurs réactions chimiques concurrentes, qui sont plus ou moins importantes selon les concentrations des réactifs nécessaires.

Si l'on considère les niveaux des oxydes d'azote mesurés dans les différentes régions du globe, on constate qu'en « atmosphère non polluée » on se trouve dans une zone de transition située entre le premier cas (faible concentration d'oxydes d'azote) et le deuxième (concentration moyenne). Les niveaux des oxydes d'azote sont déterminés par les transports à longue distance des nitrates, dont l'abondance détermine si on se situe en zone « bas niveau-puits d'ozone », ou en zone « niveau moyen-source d'ozone ».

Dans les régions rurales ou forestières, non polluées par l'homme, les sources naturelles continentales d'oxydes d'azote sont suffisantes pour créer une zone «niveau moyen-source d'ozone »). Ainsi, les émissions végétales d'hydrocarbures peuvent créer des concentrations naturelles d'ozone très élevées.

Enfin, dans les atmosphères polluées par l'homme, on est généralement à la charnière entre les concentrations moyennes et fortes d'oxydes d'azote.

Bilan de l'ozone troposphérique

On a tenté de chiffrer les différents puits et sources de l'ozone troposphérique. Il reste encore de grandes marges d'incertitude sur les valeurs numériques, notamment sur les sources, mais des scientifiques ont pris le risque de proposer un bilan moyen.

Les apports de la stratosphère représentent environ 20 % de la production des sources d'ozone troposphérique et la production photochimique 80 % : réaction avec l'oxyde de carbone (CO), le méthane (CH_4) et les hydrocarbures (*cf.* schéma pp. 94-95). Pour les puits, la destruction par photolyse, la photochimie et le dépôt sur le sol et la végétation ont une action à peu près équivalente.

Ce sont des valeurs moyennes, car il est évident que les contributions diffèrent selon le lieu considéré : ainsi les phénomènes photolytiques sont beaucoup plus importants aux basses latitudes, dans les régions tropicales (*cf.* schéma p. 91).

Évolution des précurseurs de l'ozone

La concentration moyenne du méthane a doublé depuis l'ère préindustrielle et augmente de façon continue, avec un taux d'accroissement de 0,7 % par an (*cf.* p. 78).

La même tendance a été observée pour l'oxyde de carbone, dont le taux varie de 1 à 3 % par an pour les vingt dernières années dans l'hémisphère Nord et de 0 à 1 % par an dans l'hémisphère Sud, et pour les hydrocarbures (variation de 0,8 à 1 % par an).

En outre, les analyses d'oxydes d'azote (NO_x) en atmosphères peu polluées sont rares, car les appareillages adaptés sont peu nombreux et ils n'existent que depuis peu de temps. On sait en revanche que les émissions par les pays industrialisés ont considérablement augmenté depuis 1850, à un rythme estimé à 2,5 % par an aux États-Unis, rythme qui a commencé à décroître depuis quelques années, lorsque le besoin de mesures de contrôle des émissions s'est fait sentir. Étant donné leur réactivité, leur teneur dans l'atmosphère n'a pas suivi ce rythme très élevé : des dosages de nitrates dans des carottes glaciaires révèlent une augmentation de 1,1 % par an depuis un siècle.

Et c'est finalement cette croissance du niveau général des oxydes d'azote (NO_x) qui a eu le plus d'effet sur l'ozone troposphérique, car, de plus en plus souvent, on a franchi la limite entre les « zones bas niveau-puits d'ozone » et les « zones niveau moyen-source d'ozone ». Dans ce dernier cas, le potentiel de création d'ozone, représenté par le stock disponible de précurseurs carbonés, a pu être mieux exploité.

La différence d'évolution de l'ozone entre les deux hémisphères s'explique facilement par la localisation des sources d'oxydes d'azote (70 % dans l'hémisphère Nord).

On peut se poser la question des conséquences éventuelles de ce phénomène sur la santé des êtres vivants et sur le comportement des plantes, puisqu'il est fort probable qu'il va continuer.

Conséquence de l'augmentation de l'ozone troposphérique

La concentration moyenne annuelle dans l'hémisphère Nord est actuellement de 50 ppbv (parties par milliard), avec une moyenne mensuelle maximale de 60 ppbv au printemps, et minimale de 40 ppbv en automne, et ce dans l'atmosphère libre qui alimente la couche de mélanges où nous vivons. On peut donc craindre qu'avec un taux d'augmentation de l'ordre de 2 % par an il deviendra rapidement impossible, dans de nombreuses régions, de respecter les normes proposées pour protéger la santé, 55 ppbv sur huit heures, ou la végétation, 100 ppbv sur une heure (*cf.* annexe pp. 111-112), puisque la marge d'accroissement due à la surproduction locale est très faible. Les instances locales auront beaucoup de mal à faire respecter les normes par l'intermédiaire de mesures de régulation ou de limitation de la circulation automobile acceptables politiquement ou socialement. Il faudra nécessairement engager des actions sur le plan international, actions qui devront prendre comme cible privilégiée les oxydes d'azote.

Effets sur la santé

Certains effets de l'ozone sur la santé de l'homme sont relativement bien connus. Les études épidémiologiques, celles conduites sur la côte ouest des États-Unis en particulier, ont montré que la pollution d'ozone, lorsqu'elle est intense, provoque une irritation des yeux et des voies aériennes supérieures, entraînant toux, maux de tête et un certain nombre de perturbations de la fonction respiratoire, notamment chez les enfants et les asthmatiques.

Les mécanismes physiopathologiques responsables de cette hyperréactivité provoquée par les oxydants ont été identifiés. L'ozone altère les fonctions cellulaires des muqueuses oculaires, nasales et pulmonaires. Cette altération peut faciliter l'action d'autres polluants, comme le dioxyde de soufre : on parle alors d'effet de synergie entre les deux polluants, car, en réalité, on ne connaît pas le mécanisme d'action de chacun d'eux.

Cependant les études épidémiologiques sont délicates et souvent controversées, car la pollution de l'air est un phénomène complexe, où un grand nombre de paramètres sont à prendre en considération : nature exacte des polluants, doses réellement absorbées, facteurs météorologiques, infections saisonnières, facteurs personnels, tabagisme actif et passif... L'établissement de corrélations entre un polluant et une symptomatologie est donc assez difficile. D'autant plus que la formation d'ozone en atmosphère polluée est toujours accompagnée de celle d'autres polluants, comme le Peroxyacétylnitrate (PAN) et ses homologues, des aldéhydes, des composés nitrés*, et bien d'autres composés organiques oxygénés, en concentrations certes plus faibles, mais dont la toxicité est connue. Les effets à long terme, cancérigènes et mutagènes notamment, restent très incertains.

Comme pour tous les produits chimiques, les recherches ayant pour objectif d'analyser les effets de l'exposition à l'ozone sur la santé font également appel à l'expérimentation sur les animaux, aux observations sur des sujets humains, et aux travaux en laboratoire. Toutefois, la plupart des études d'exposition ont été réalisées avec des concentrations trop élevées et non réalistes (supérieures à une ou plusieurs parties par million).

Effets sur la végétation

Les effets chimiques de l'ozone se traduisent par l'apparition de très petites taches nécrotiques sur la face supérieure des feuilles. Pour les plantes sensibles, ces symptômes apparaissent après une exposition de quelques heures à des concentrations de l'ordre de 40 ppbv (parties par milliard), relativement courantes dans l'hémisphère Nord. La réponse des plantes varie considérablement d'une espèce à l'autre (*cf.* tableau ci-contre) : par exemple, certaines variétés de tabac ne peuvent plus être cultivées en raison de leur hypersensibilité. La pollution chimique accélère les phénomènes de sénescence et réduit la durée du cycle végétatif.

On a bien sûr essayé de comprendre ce mécanisme. Il fut constaté que, dans le cas de concentrations très

---

Des espèces sensibles. *Les végétaux sont sensibles à l'action de l'ozone ambiant et réagissent de façon différente selon les espèces. Ainsi, lorsque apparaissent des nécroses brunâtres sur la face supérieure de leurs feuilles, certaines variétés de tabac ne peuvent plus être cultivées.*

Sensibilité relative des végétaux à l'ozone

Espèces sensibles	Avoine	*Avena sativa*
	Blé	*Triticum aestivum*
	Épinard	*Spinacia oleracea*
	Haricot	*Phaseolus vulgaris*
	Mélèze	*Larix europaea*
	Noyer	*Juglans regia*
	Oignon	*Allium cepa*
	Orge	*Hordeum vulgare*
	Pin noir d'Autriche	*Pinus laricio austriaca*
	Pomme de terre	*Solanum tuberosum*
	Radis	*Raphanus satevus*
	Soja	*Glycine max*
	Tabac	*Nicotiana tabacum*
	Tomate	*Lycopersicon esculentum*
Espèces moyennement sensibles	Carotte	*Daucus carota*
	Chou	*Brassica oleracea*
	Endive	*Cichorium endivia*
	Pin	*Pinus strobus*
	Pin sylvestre	*Pinus sylvestris*
	Pois	*Pisum sativum*
Espèces peu sensibles	Abricotier	*Prunus armeniaca*
	Betterave	*Beta vulgaris*
	Chêne rouge	*Quercus rubra*
	Épicéa commun	*Picea albies*
	Fraisier	*Fragaria sp.*
	Hêtre	*Fagus sylvatica*
	Laitue	*Lactuca sativa*
	Pêcher	*Prunus persica*
	Poirier	*Pyrus communis*
	Sapin de Douglas	*Pseudotsuga douglasii*

élevées (200 ppbv), l'ozone entraîne la fermeture des stomates qui permettent à la plante d'absorber les gaz de l'atmosphère ; cette réaction est variable avec l'espèce et l'intensité de la pollution, et elle est réversible.

Des études expérimentales montrent que les concentrations dans le milieu ambiant (45 à 100 ppbv) réduisent l'activité de photosynthèse des plantes : la réponse des plantes varie considérablement d'une espèce à l'autre, les plus sensibles semblent avoir un taux d'activité photosynthétique élevé.

Lorsqu'on expose une plante à des concentrations ambiantes d'ozone, on observe une augmentation de l'activité respiratoire des parties aériennes et une diminution d'activité au niveau racinaire, d'où un déséquilibre en faveur du feuillage. Les effets opposés de l'ozone sur la photosynthèse et sur la respiration foliaire conduisent à un autre déséquilibre qui se traduit par une baisse en saccharose (et autres assimilats) disponibles pour la plante.

Dans les prochaines décennies, l'augmentation de la concentration d'ozone dans la troposphère devrait accompagner celle du gaz carbonique. Des travaux menés uniquement sur une espèce très sensible à l'ozone (le radis) concluent à une interaction entre les deux gaz : les fortes teneurs en gaz carbonique (CO_2), autour de 700 ppmv, contrecarrent les effets toxiques de l'ozone, tandis qu'à l'inverse l'ozone réduit l'action bénéfique que pourrait avoir une fourniture plus importante en gaz carbonique.

Cependant, des scientifiques ayant constaté une baisse d'efficacité des fortes teneurs en gaz carbonique après plusieurs semaines de traitement, ils attirent l'attention sur les distinctions à effectuer entre effets à court terme et effets à long terme.

Il est extrêmement difficile de déduire des relations quantitatives entre les effets observés et les taux d'exposition (relations dose-effet), car, si on sait mesurer la dose de polluant fourni (en calculant le produit de la concentration par le temps d'exposition), on est dans l'impossibilité d'estimer la quantité de polluant réellement absorbée par la plante.

Lors de la culture de plantes sensibles, on remarque des baisses de rendement, parfois considérables, par exemple plusieurs dizaines de pour-cent de poids de graines pour des haricots.

Au début des années 80, le dépérissement des forêts constaté en Europe occidentale fut longtemps attribué aux pluies acides (acidification des retombées par les acides nitrique, sulfurique et organiques formés dans l'atmosphère). Cette hypothèse unique fut abandonnée en faveur de l'action de la pollution photo-oxydante.

Des expériences ont démontré que des concentrations ambiantes d'ozone provoquent des atteintes visibles sur les espèces forestières sensibles (pins), associées à une réduction significative de l'activité photosynthétique.

En revanche, l'influence de l'ozone paraît beaucoup moins nette pour l'épicéa et le sapin, essences les plus affectées par le dépérissement. Les travaux les plus récents attribuent ce dépérissement au stress hydrique que subissent les arbres poussant sur des sols carencés par plusieurs années de sécheresse, correspondant d'ailleurs également à des situations météorologiques favorables à de fortes concentrations d'ozone. Ce gaz n'est donc pas seul responsable, mais figure parmi les facteurs actifs ayant une action aggravante, directe ou indirecte, sur les phénomènes observés.

Actuellement, les problèmes posés par la pollution atmosphérique commencent à être mieux compris, à défaut d'être vraiment maîtrisés. Au cours des quarante dernières années, les progrès de cette nouvelle science consacrée à l'atmosphère ont été spectaculaires.

Ces progrès permettent d'expliquer les grands problèmes de notre environnement ; le premier d'entre eux est l'apparition du *smog* photochimique de Los Angeles dans les années 50, phénomène qui s'est ensuite généralisé à d'autres zones urbanisées et même naturelles.

Les scientifiques ont été sollicités pour aider à gérer les nombreux problèmes de pollutions locales ou régionales qui se sont posés, de façon chronique ou lors d'accidents souvent très médiatisés (Tchernobyl, Seveso...), ainsi que pour expliquer les grands problèmes globaux qui hypothéqueraient notre avenir et celui de nos petits-enfants si nous ne parvenions pas à maîtriser les émissions anthropiques qui en sont la cause.

Les scientifiques ont un rôle important à jouer, et, même si leurs théories ne sont pas suffisamment assurées, leurs avis comptent. Le dialogue entre les chercheurs et les personnes qui prennent les décisions est nécessaire et bénéfique, et ce avant que les décisions indispensables pour la sauvegarde de l'environnement soient prononcées. Ces décisions sont difficiles à prendre, car elles auront des conséquences économiques et sociales considérables pour notre avenir.

Annexes

Directive 92/72/CEE du Conseil des Communautés économiques européennes du 21 septembre 1992 concernant la pollution de l'air par l'ozone

Actes dont la publication
n'est pas une condition
de leur applicabilité

Seuils pour les concentrations en ozone dans l'air

(Les valeurs sont exprimées en $\mu g/m^3$. Pour l'ozone, 200 $\mu g/m^3$ correspondent à 100 ppbv. L'expression du volume doit être ramenée aux conditions de température et de pression suivantes : 293 kelvin et 101,3 kPa)

1 - Seuil pour la protection de la santé :
110 $\mu g/m^3$ pour la valeur moyenne sur 8 heures

2- Seuils pour la protection de la végétation :
200 $\mu g/m^3$ pour la valeur moyenne sur 1 heure
65 $\mu g/m^3$ pour la valeur moyenne sur 24 heures

3 - Seuil pour l'information de la population :
180 $\mu g/m^3$ pour la valeur moyenne sur 1 heure

4 - Seuil d'alerte à la population :
360 $\mu g/m^3$ pour la valeur moyenne sur 1 heure

La pollution de l'air par l'ozone en Europe.

Extrait d'une directive du Journal officiel des Communautés européennes concernant la surveillance de la concentration d'ozone dans les États membres de l'Union européenne, la méthode d'analyse à utiliser et les seuils qu'il est recommandé de ne pas dépasser.

Glossaire

Aldéhydes : composés organiques comprenant un groupement terminal -CHO. Ils sont photolysables par le rayonnement solaire et donnent naissance à des radicaux libres tels le radical hydroperoxyle (HO_2) et le radical hydroxyle (OH).
Exemples : le formaldéhyde H-CHO ou H_2CO et l'acétaldéhyde CH_3-CHO.

Anthropique : d'origine humaine.

Catalyseur : composé qui, par sa seule présence, provoque une réaction chimique, ou l'accélère fortement. Agissant à des concentrations très faibles, ce composé est retrouvé intact à la fin de la réaction.

Chlorofluorocarbures (CFC) : composés organiques obtenus en remplaçant tous les atomes d'hydrogène (ou presque tous) d'un hydrocarbure simple par des atomes de chlore ou de fluor.
Exemples : CFC 11 = $CFCl_3$; CFC 12 = CF_2Cl_2.

Composés organiques nitrés : composés obtenus en remplaçant un atome d'hydrogène d'un hydrocarbure par un groupement nitré NO_2. Cette réaction peut se produire dans l'atmosphère.

Composés organiques particulaires : composés organiques trop peu volatils pour être totalement présents à l'état gazeux dans l'atmosphère. Cette volatilité varie avec la température.
Exemple : le benzopyrène est un hydrocarbure aromatique poly-

cyclique (HAP). Mutagène et cancérigène, il est produit lors de certaines combustions (moteurs Diesel et à essence, chaudières à fioul, combustion du bois, ...). Ses dérivés nitrés sont très fortement cancérigènes.

Composés organiques volatils (COV) : tous les composés organiques gazeux présents dans l'atmosphère. Ils comprennent des hydrocarbures, des aldéhydes, des composés nitrés et sulfurés, etc.

Composés soufrés : on distingue :
– le dioxyde de soufre (SO_2), produit lors de la combustion de charbon et de fractions pétrolières contenant du soufre. Dans l'air il s'oxyde en acide sulfurique (H_2SO_4).
– l'hydrogène sulfuré (H_2S), émis par des processus biologiques dans des milieux humides, s'oxyde en dioxyde de soufre (SO_2).
– les composés organo-soufrés, émis par les algues et les océans. Ce sont des composés organiques comprenant un (ou plusieurs) atomes de soufre.
Exemple : le sulfure de diméthyle (CH_3-S-CH_3), qui s'oxyde en dioxyde de soufre, en acide sulfurique, et en d'autres produits.

Composition de l'air : l'air comprend 78 % d'azote (N_2), 21 % d'oxygène (O_2) et 0,95 % d'argon. On y trouve aussi des constituants gazeux en concentrations relativement importantes (vapeur d'eau, gaz carbonique) et d'autres à des concentrations très faibles (oxydes d'azote, composés organiques volatils, etc.). Ces derniers jouent un rôle très important dans la chimie de l'atmosphère. L'air contient aussi des particules.

Concentration : la concentration d'un composé dans l'air peut s'exprimer :
– soit en concentration relative (ou rapport de mélange), si le composé considéré est gazeux : 1 ppmv de monoxyde d'azote (NO) = 1 partie par million (en volume), signifie que, sur un million de molécules de l'air, on trouve une molécule de monoxyde d'azote (10^{-6}).

1 ppbv = 1 partie par milliard en volume (10^{-9})
1 pptv = 1 millième de milliardième en volume (10^{-12})
– soit en masse par unité de volume (valable pour les gaz et les particules) : 1 $\mu g\ m^{-3}$ = 1 μg (10^{-6} g) par m^3 d'air ;
1 ng m^{-3} = 1 ng (10^{-9} g) par m^3 d'air.
On peut convertir une unité en une autre ; ainsi 100 $\mu g\ m^{-3}$ d'ozone représentent 50 ppbv.

Dioxyde de soufre : *voir* « Composés soufrés ».

Hydrocarbures : composés organiques formés d'atomes de carbone et d'hydrogène.
Exemples : méthane (CH_4) ; éthane (CH_3-CH_3 ou C_2H_6) ; n-Butane (CH_3-CH_2-CH_2-CH_3 ou C_4H_{10}) ; éthène (CH_2=CH_2), avec une double liaison éthylénique.

Hydrogène sulfuré : *voir* « Composés soufrés ».

Hydroxyle (radical) : radical libre de formule OH, il réagit dans l'atmosphère avec le dioxyde d'azote, les composés soufrés et presque tous les composés organiques (la vitesse de réaction varie selon le composé considéré). Il est formé par photolyse de l'ozone suivie de l'action de la vapeur d'eau, mais aussi par photolyse du formaldéhyde, du peroxyde d'hydrogène et de l'acide nitreux. Sa concentration troposphérique varie de 10^5 à 10^7 radicaux par cm^3.

Nitrates : composés organiques ou minéraux, comprenant le groupement O-NO_2 de l'acide nitrique H-O-NO_2.
Exemple de nitrate minéral : le nitrate d'ammonium (formé par réaction de l'acide nitrique et de l'ammoniac gazeux atmosphérique) existe dans les particules atmosphériques.
Exemple de nitrate organique : le nitrate de peroxyacétyle (PAN) CH_3-CO-O-O-NO_2. Stable à basse température, il peut être transporté très loin, puis former des oxydes d'azote.

Oxydes d'azote : les oxydes d'azote réactifs de l'atmosphère sont le monoxyde d'azote (NO) et le dioxyde d'azote (NO_2), dont la somme est appelée les NO_x. Le protoxyde d'azote N_2O joue un rôle différent, car, contrairement aux deux oxydes précédents, il est très stable.

Ozone : molécule O_3 formée de trois atomes d'oxygène, très oxydante et photolysable.

Particules : l'air peut contenir des particules solides ou liquides dont la suspension constitue un aérosol. Les fines particules (diamètre compris entre 10^{-2} et 5 µm, avec 1 µm = 10^{-6} m) sont très légères. C'est pourquoi elles restent longtemps en suspension et sont transportées très loin. Les particules les plus lourdes sédimentent plus rapidement.
La composition chimique des particules est très variée : composés organiques et minéraux divers. Cette variété reflète leurs différents modes de création : naturels (soulèvement de poussières, feux de forêt, embruns marins...) ou anthropiques. Elles peuvent être formées par des réactions chimiques entre des composés gazeux conduisant à des produits peu volatils (transformations gaz-particules). Parfois, les gouttelettes d'eau des nuages et des pluies dissolvent des composés gazeux (et des particules solides) : elles sont alors le siège d'une chimie hétérogène intense comme, par exemple, l'oxydation rapide du dioxyde de soufre sous l'action du peroxyde d'hydrogène et de l'ozone dissous.

Peroxyde d'hydrogène : formé par la réaction :

$$2HO_2 \longrightarrow H_2O_2 + O_2$$

Il peut exister à l'état gazeux et en phase liquide dans les gouttelettes d'eau (on l'appelle alors eau oxygénée).

Photochimie : une réaction photochimique est initiée par l'absorption d'un photon de lumière par une molécule. L'énergie d'un photon ($h\nu$), proportionnelle à la fréquence de la lumière ν ($\nu = c/\lambda$, avec λ = longueur d'onde et c = vitesse de la lumière). Si ce photon apporte assez d'énergie, la molécule est dissociée.

Exemples :

$$NO_2 + h\nu \longrightarrow NO + O$$
$$O_2 + h\nu \longrightarrow 2O$$

On dit que la molécule NO_2 (ou O_2) a été photolysée. Par extension, on appelle « photochimie atmosphérique » l'ensemble des réactions qui suivent la réaction de photolyse et qui sont donc initiées par un radical, formé par cette photolyse.
Exemple : formation du *smog* photochimique.

Spectre solaire : dans le spectre solaire on distingue trois régions, définies par la valeur de la longueur d'onde λ de la lumière :
– l'ultraviolet (UV), radiations de longueur d'onde inférieures à 400 nm ;
– le visible, radiations de longueur d'onde comprises entre 400 et 800 nm) ;
– l'infrarouge (IR), radiations de longueur d'onde supérieures à 800 nm (avec 1 nm = 10^{-9} m).
Seules les radiations dont la longueur d'onde est supérieure à 290 nm arrivent au sol, le restant étant totalement absorbé par l'ozone stratosphérique.

Stratosphère : région de l'espace caractérisée par une température constante ou une augmentation de celle-ci avec l'altitude, ce qui entraîne une grande stabilité verticale des masses d'air.

Sulfure de diméthyle : *voir* « Composés soufrés ».

Troposphère : région de l'espace caractérisée par une décroissance de la température avec l'altitude (de l'ordre de 6,5 °C par kilomètre). La limite entre la troposphère et la stratosphère est la tropopause qui se situe à seize kilomètres à l'équateur et à cinq kilomètres aux pôles. Les mélanges verticaux y sont facilités (l'air plus chaud, donc plus léger, se trouvant en dessous de l'air plus froid).

Bibliographie

Physique et chimie de l'atmosphère

FINLAYSON-PITTS, B. J., et PITTS, J. N., *Atmospheric Chemistry : Fundamentals and Experimental Techniques,* J. Wiley, New York, 1986.

GUDERIAN, G., *Air Pollution by Photochemical Oxidants (Ecological Studies 52),* Springer Verlag, Berlin, 1985.

QUENEY, P., *Éléments de météorologie,* Masson, coll.« École nationale supérieure de techniques avancées », 1974.

Physico-Chimie de l'atmosphère, numéro spécial de*Pollution atmosphérique,* n° 117, janvier 1988, revue publiée par l'Association pour la prévention de la pollution atmosphérique, Paris.

Ouvrages sur les variations des équilibres de l'atmosphère

LORIUS, C., *Glaces de l'Antarctique,* Éditions Odile Jacob, 1993.

MÉGIE, G., *Stratosphère et couche d'ozone,* Masson, coll. « Cahiers des sciences de l'Univers », 1992.

L'effet de serre et ses conséquences climatiques : évaluation scientifique, rapport de l'Académie des sciences, n° 25, Paris, 1990.

Ozone et propriétés oxydantes de la troposphère : essai d'évaluation scientifique, rapport de l'Académie des sciences, n° 30, Paris, 1993.

Documentation sur les aspects réglementaires, les normes et la surveillance de la qualité de l'air

Documents publiés par le service de documentation du ministère de l'Environnement, 20, avenue de Ségur, 75302 - Paris - 07 - SP.

État de l'environnement (surveillance de la qualité de l'environnement, les réglementations, le point sur les directives européennes) publié annuellement par l'Institut français de l'environnement (IFEN), 17, rue des Huguenots, 45058 - Orléans - Cedex 1.
AIRPARIF, Surveillance de la qualité de l'air en Ile-de-France, 10, rue Crillon, 75004 - Paris.

Pour se procurer les publications réalisées par des institutions, le mieux est de s'adresser directement à celles-ci.

Index

Dans la même collection

n° 1 - *L'Espace pour l'homme* de Pierre Léna
n° 2 - *La Mémoire, du cerveau à l'école* d'Alain Lieury
n° 3 - *Politiques agricoles* de Lucien Bourgeois
n° 4 - *L'Intelligence artificielle* de Jean-Gabriel Ganascia
n° 5 - *L'Insomnie* de Jean-Michel Gaillard
n° 6 - *Vivre avec les insectes* de Pierre Ferron
n° 7 - *Le Moyen-Orient* de Georges Corm
n° 8 - *L'Explosion démographique* d'Albert Jacquard
n° 9 - *La Procréation médicalisée* de Jacques Testart
n° 10 - *La Relativité* de Nayla Farouki
n° 11 - *École et Tiers Monde* de Sylvain Lourié
n° 12 - *Système Terre* d'Ichtiaque Rasool
n° 13 - *Sous l'atome les particules* d'Étienne Klein
n° 14 - *La Bande dessinée* de Benoît Peeters
n° 15 - *La Bioéthique* de Jean Bernard
n° 16 - *Nourrir les hommes* de Louis Malassis
n° 17 - *Apprendre de 0 à 4 ans* de Pierre-Marie Baudonnière et Claudine Teyssèdre
n° 18 - *Les Prisons* de Jean Favard
n° 19 - *Les Greffes d'organes* de Laurent Degos
n° 20 - *La Chine* de Lucien Bianco
n° 21 - *Le Système solaire* de Thérèse Encrenaz
n° 22 - *Les Marchés financiers* de Jean Saint-Geours
n° 23 - *La Vie dans le cosmos* de François Raulin
n° 24 - *La Forêt* d'Yves Birot et Jean-François Lacaze
n° 25 - *Quelles régions pour l'Europe ?* de Jean Labasse
n° 26 - *L'Afrique noire* de Thérèse Pujolle
n° 27 - *Allemagne* d'Alfred Grosser et Hélène Miard-Delacroix
n° 28 - *Le Climat de la Terre* de Robert Sadourny
n° 29 - *La Mort dans les religions d'Asie* de Bernard Faure
n° 30 - *L'État et le Politique* d'Odon Vallet
n° 31 - *Le Cerveau* de Jacques-Michel Robert
n° 32 - *Les Réalités virtuelles* de Claude Cadoz
n° 33 - *Les Océans* de Jean-François Minster

Ont collaboré à l'ouvrage

Édition : Béatrice Becquart
Conception graphique et mise en pages : Daniel Leprince
Recherche iconographique : Marie-France Naslednikov
Illustrations : Fractale
Corrections : Elida Mannevy, Béatrice Lecomte
et Catherine Houchot

Photo de couverture : le *smog* au-dessus de Paris,
ph. © AIRPARIF.

Achevé d'imprimer en mai 1994
sur les presses de
l'Imprimerie Hérissey à Évreux
N° d'éditeur : 15244
N° d'imprimeur : 65318
Dépôt légal : Juin 1994